A COESÃO TEXTUAL

A COESÃO TEXTUAL

INGEDORE GRUNFELD
VILLAÇA KOCH

Copyright© 1989 Ingedore Grunfeld Villaça Koch
Todos os direitos desta edição reservados à
Editora Contexto (Editora Pinsky Ltda.)

Coordenador
Ataliba Teixeira de Castilho

Revisão
Edison Luís dos Santos

Capa
Antonio Kehl

Dados Internacionais de Catalogação na Publicação (CIP)
(Câmara Brasileira do Livro, SP, Brasil)

Koch, Ingedore Grunfeld Villaça,
A coesão textual / Ingedore G. Villaça Koch. –
22. ed., 5ª reimpressão. – São Paulo : Contexto, 2018.

Bibliografia.
ISBN 978-85-85134-46-4

1. Linguística 2. Textos I. Título II. Série.

89-0573   CDD-415

Índices para catálogo sistemático:
1. Linguística textual   415
2. Texto : Linguística   415

2018

EDITORA CONTEXTO
Diretor editorial: *Jaime Pinsky*

Rua Dr. José Elias, 520 – Alto da Lapa
05083-030 – São Paulo – SP
PABX: (11) 3832 5838
contexto@editoracontexto.com.br
www.editoracontexto.com.br

Proibida a reprodução total ou parcial.
Os infratores serão processados na forma da lei.

SUMÁRIO

O que é a Linguística Textual — 7

Coesão Textual: Conceito e Mecanismos — 13

A Coesão Referencial — 29

A Coesão Sequencial — 53

Referências Bibliográficas — 79

A Autora — 83

O QUE É A LINGUÍSTICA TEXTUAL

O estudo da coesão textual tem sido predominantemente desenvolvido dentro do ramo da Linguística a que se denomina Linguística do Texto. Cabe, assim, inicialmente, dizer algumas palavras sobre esta corrente da Linguística moderna. Surgida na década de 1960, na Europa, onde ganhou projeção a partir dos anos 1970, a Linguística Textual teve inicialmente por preocupação descrever os fenômenos sintático-semânticos ocorrentes entre enunciados ou sequências de enunciados, alguns deles, inclusive, semelhantes aos que já haviam sido estudados no nível da frase. Este é o momento a que se denomina "análise transfrástica", no qual não se faz, ainda, distinção nítida entre fenômenos ligados uns à coesão, outros à coerência do texto.

Na década de 1970, muitos estudiosos encontram-se ainda bastante presos ou à gramática estrutural, ou – principalmente – à gramática gerativa, o que explica o seu interesse na construção de "gramáticas de texto". A partir da descrição de fenômenos linguísticos inexplicáveis pelas gramáticas de frase – já que um texto não é simplesmente uma sequência de frases isoladas, mas uma unidade linguística com propriedades estruturais específicas –, tais gramáticas têm por objetivo apresentar os princípios de constituição do texto em dada língua.

É somente a partir de 1980, contudo, que ganham corpo as Teorias do Texto – no plural, já que, embora fundamentadas em pressupostos básicos comuns, chegam a diferir bastante umas das outras, conforme o enfoque predominante. Assim, em razão da amplitude do campo e da fluidez de limites entre as várias tendências, a Linguística Textual, tal como vem sendo entendida atualmente, apresenta diversas vertentes. Entre os principais representantes de cada uma delas, poder-se-iam citar:

Beaugran & Dressler – que se vêm dedicando ao estudo dos principais critérios ou padrões de textualidade e do processamento cognitivo do texto. Apontam como critérios de textualidade a coesão e a coerência (centrados no texto), e a informatividade, a situacionalidade, a intertextualidade, a intencionalidade e a aceitabilidade (centrados nos usuários). Adotam, entre outros pressupostos, os da semântica procedural, dando realce, no estudo da coerência e do processamento do texto, não só ao conhecimento declarativo (dado pelo conteúdo proposicional dos enunciados), mas também ao conhecimento construído através da vivência, condicionado socioculturalmente, que é armazenado na memória, sob a forma de modelos cognitivos globais ("frames", esquemas, "scripts", planos). Neste sentido, estes autores aproximam-se da linha americana da análise do discurso.

Givón e outros estudiosos filiados à linha americana da Análise do Discurso – preocupados, de um lado, com as formas de construção linguística do texto enquanto sequência de frases, de outro lado com a questão do processamento cognitivo do texto (isto é, com os processos de produção e compreensão) e, consequentemente, com o estudo dos mecanismos e modelos cognitivos envolvidos nesse processamento. Para tanto, buscam subsídios em pesquisas nas áreas da Psicologia da Cognição e da Inteligência Artificial.

Weinrich – cujos trabalhos objetivam a construção de uma macrossintaxe do discurso, com base no tratamento textual de categorias gramaticais como os artigos, os verbos etc. Postula como método heurístico o da "partitura textual", que consiste em unir a análise frasal por tipo de palavras e a estrutura sintática do texto num só modelo, tal como uma "partitura musical a duas vozes". Para Weinrich, o texto é uma sequência linear de lexemas e morfemas que se condicionam reciprocamente e que, de modo recíproco, constituem o contexto: texto é, pois, "um andaime de determinações onde tudo se encontra interligado", uma "estrutura determinativa". Para ele, toda Linguística é, necessariamente, Linguística de Texto.

Van Dijk – cujo trabalho se tem voltado, particularmente, ao estudo das macroestruturas textuais e, em virtude disto, à produção de resumos; e ao das superestruturas ou esquemas textuais e, portanto, à questão da tipologia dos textos. Tendo dedicado, inicialmente, maior atenção às superestruturas narrativas, passou, mais tarde, a examinar outros tipos de superestruturas, especialmente as do noticiário jornalístico. Desde 1985, vem atuando na perspectiva da Análise Crítica do Discurso (*Critical Discourse Analysis*).

Petöfi – empenhado, a princípio, na construção de uma teoria semiótica dos textos verbais a que denominou TeSWeST (Teoria da Estrutura do Texto – Estrutura do Mundo), visando ao relacionamento entre a estrutura de um texto e a interpretação extensional(em termos de mundos possíveis) do mundo (ou do complexo de mundos) que é textualizado em um texto, implicando, assim, elementos con-textuais (externos ao texto) e cotextuais (internos ao texto). Como decorrência, os interesses desse autor e de seu grupo voltam-se hoje, em grande parte, à questão da compreensão/produção de textos.

Schmidt – para quem o texto é "qualquer expressão de um conjunto linguístico num ato de comunicação – no âmbito de um 'jogo de atuação comunicativa' – tematicamente orientado e preenchendo uma função comunicativa reconhecível, ou seja, realizando um potencial ilocucionário reconhecível". Segundo ele, textualidade é o modo de toda e qualquer comunicação transmitida por sinais, inclusive os linguísticos. Daí preferir a denominação Teoria de Texto a Linguística de Texto.

É preciso lembrar, também, os linguistas franceses como Charolles, Combettes, Vigner, Adam e outros que se dedicam aos problemas de ordem textual e à operacionalização dos construtos teóricos para o ensino de línguas.

Tentando detectar os pontos comuns às diversas correntes, Marcuschi (1983: 12,13) apresenta uma definição provisória de Linguística Textual:

> Proponho que se veja a Linguística do Texto, mesmo que provisória e genericamente, como o *estudo das operações linguísticas e cognitivas reguladoras e controladoras da produção, construção, funcionamento e recepção de textos escritos ou orais*. Seu tema abrange a *coesão superficial* ao nível dos constituintes linguísticos, a *coerência conceitual* ao nível semântico e cognitivo e o sistema de pressuposições e implicações a

nível pragmático da produção do sentido no plano das ações e intenções. Em suma, a Linguística Textual trata o texto como um ato de comunicação unificado num complexo universo de ações humanas. Por um lado deve preservar a *organização linear* que é o tratamento estritamente linguístico abordado no aspecto da coesão e, por outro, deve considerar a *organização reticulada* ou tentacular, não linear portanto, dos níveis de sentido e intenções que realizam a coerência no aspecto semântico e funções pragmáticas.

A Linguística Textual toma, pois, como objeto particular de investigação não mais a palavra ou a frase isolada, mas o texto, considerado a unidade básica de manifestação da linguagem, visto que o homem se comunica por meio de textos e que existem diversos fenômenos linguísticos que só podem ser explicados no interior do texto. O texto é muito mais que a simples soma das frases (e palavras) que o compõem: a diferença entre frase e texto não é meramente de ordem quantitativa; é, sim, de ordem qualitativa.

Assim, passou-se a pesquisar o que faz com que um texto seja um texto, isto é, quais os elementos ou fatores responsáveis pela textualidade. Conforme se disse anteriormente, Beaugrande & Dressler (1981) apresentam um elenco de tais fatores, em número de sete: coesão, coerência, informatividade, situacionalidade, intertextualidade, intencionalidade e aceitabilidade. Este livro será dedicado ao estudo de um desses fatores: *a coesão textual.*

COESÃO TEXTUAL: CONCEITO E MECANISMOS

Texto 1 – Os urubus e sabiás

(1) *Tudo* aconteceu numa terra distante, no tempo em que os bichos falavam... (2) Os urubus, aves por natureza becadas, **mas** sem grandes dotes para o canto, decidiram que, **mesmo** contra a natureza, *eles* haveriam de se tornar grandes cantores. (3) E **para** isto fundaram escolas e importaram professores, gargarejaram dó-ré-mi-fá, mandaram imprimir diplomas, e fizeram competições entre si, **para** ver *quais deles* seriam os mais importantes e teriam a permissão de mandar nos *outros*. (4) **Foi assim que** *eles* organizaram concursos e se deram nomes pomposos, e o sonho de cada urubuzinho, instrutor em início de carreira, era se tornar um respeitável urubu titular, a quem todos chamavam por Vossa Excelência. (5) *Tudo* ia muito bem **até que** a doce tranquilidade da hierarquia dos urubus foi estremecida. (6) A floresta foi invadida por bandos de pintassilgos tagarelas, que brincavam com os canários e faziam serenatas com os sabiás... (7) *Os velhos urubus* entortaram o bico, o rancor encrespou a testa, *e eles* convocaram pintassilgos, sabiás e canários para um inquérito.(8) "– Onde estão os documentos dos *seus* concursos?" (9) **E** *as pobres aves* se olharam

perplexas, **porque** nunca haviam imaginado que tais coisas houvessem. (10) Não haviam passado por escolas de canto, **porque** o canto nascera com *elas*.(11) E nunca apresentaram um diploma **para** provar que sabiam cantar, **mas** cantavam, simplesmente... "(12) – Não, *assim* não pode ser. Cantar sem a titulação devida é um desrespeito à ordem." (13) E *os urubus*, em uníssono, expulsaram da floresta *os passarinhos* que cantavam sem alvarás... (14) MORAL: Em terra de urubus diplomados não se ouve canto de sabiá.

(Rubem Alves, *Estórias de Quem Gosta de Ensinar.* São Paulo: Cortez Editora, 1984, p. 61-62)

CONCEITO

Pode-se comprovar, observando o texto acima, que um texto não é apenas uma soma ou sequência de frases isoladas. Veja-se o início: "*Tudo* aconteceu...". Que "tudo" é esse? Que foi que aconteceu numa terra distante, no tempo em que os bichos falavam? Em (3), temos o termo *isto*: "E para *isto* fundaram escolas...". *Isto* o quê? De que se está falando? Ainda em (3), qual é o sujeito dos verbos *fundaram, importaram, gargarejaram, mandaram, fizeram*? É o mesmo de *teriam*? Fala-se em *quais deles*: *deles* quem? E quem são os *outros*? Qual é o referente de *eles* em (4)? Em (5), tem-se novamente a palavra *tudo*: "Tudo ia muito bem... Será que esta segunda ocorrência do termo tem o mesmo sentido da primeira? Em (7), a quem se refere o pronome *eles*? E *seus*, em (8)? Quais são *as pobres aves* de que se fala em (9)? E as *tais coisas*? *Elas*, em (10), refere-se a *pobres aves* ou a *tais coisas*? De que *passarinhos* se fala em (13)?

Se tais perguntas podem ser facilmente respondidas pelos eventuais leitores, é porque os termos em questão são elementos da língua que têm por função precípua estabelecer relações textuais: são **recursos de coesão textual**.

Assim, *tudo*, em (1), remete a toda a sequência do texto, sendo, pois, um elemento **catafórico**. Por seu turno, *isto*, em (3),remete para o enunciado anterior; é, portanto, **anafórico**, do mesmo modo que *tudo*, em (5). *Deles*, em (3), remete a *urubus*, de (2); são também *os urubus* o sujeito (elíptico) da sequência de verbos em (3), mas não de *teriam*, cujo sujeito será um subconjunto do conjunto dos urubus, que exclui o subconjunto complementar formado por *outros*; e, em (4), *eles* pode remeter a *urubus*, de (2), ou ao primeiro subconjunto citado anteriormente. Em (7), *eles* retoma *os velhos urubus* que, por sua vez, retoma os *urubus* citados anteriormente. *Seus*, em (8), remete a *pintassilgos, sabiás e canários*. *Tais coisas* refere-se aos documentos de que se fala em (8). *Os passarinhos*, em (13), remete a *elas* de (10), que, por seu turno, remete a *pobres aves*, de (9) e esta expressão a *pintassilgos, sabiás e canários* de (7) que retoma (6).

Note-se, agora, que há outro grupo de mecanismos cuja função é assinalar determinadas relações de sentido entre enunciados ou partes de enunciados, como, por exemplo: **oposição** ou **contraste** (*mas*, em (2) e (11)); *mesmo*, em (2); **finalidade** ou **meta** (*para*, em (3) e (11)); **consequência** (*foi assim que*, em (4); *e*, em (7); **localização temporal** (*até que*, em (5)); **explicação** ou **justificativa** (*porque*, em (9) e (10)); **adição de argumentos** ou **ideias** (*e*, em (11)).

É por meio de mecanismos como estes que se vai tecendo o "tecido" (tessitura) do texto. A este fenômeno é que se denomina **coesão textual**.

Em obra que se tornou clássica sobre o assunto, Halliday & Hasan (1976) apresentam o conceito de coesão textual, como um conceito semântico que se refere às relações de sentido existentes no interior do texto e que o definem como um texto. Segundo eles, "a coesão ocorre quando a interpretação de algum elemento no discurso é dependente da de outro. Um *pressupõe* o outro, no sentido de que não pode ser efetivamente decodificado a não ser por recurso ao outro". (p.4)

Consideram a coesão como parte do sistema de uma língua: embora se trate de uma relação semântica, ela é realizada – como ocorre com todos os componentes do sistema semântico – através do sistema léxico-gramatical. Há, portanto, formas de coesão realizadas através da gramática e outras, através do léxico.

Para esses autores, a coesão é, pois, uma relação semântica entre um elemento do texto e algum outro elemento crucial para a sua interpretação. A coesão, por estabelecer *relações de sentido*, diz respeito ao conjunto de recursos semânticos por meio dos quais uma sentença se liga com a que veio antes, aos recursos semânticos mobilizados com o propósito de criar textos. A cada ocorrência de um recurso coesivo no texto, denominam "laço", "elo coesivo".

Halliday & Hasan citam como principais fatores de coesão a *referência*, a *substituição*, a *elipse*, a *conjunção*, e a *coesão lexical*, que serão tratados mais adiante. Seu trabalho tem servido de base para um grande número de pesquisas sobre o assunto.

Para Beaugrande & Dressler (1981), a coesão concerne ao modo como os componentes da superfície textual – isto é, as palavras e frases que compõem um texto – encontram-se conectadas entre si numa sequência linear, por meio de dependências de ordem gramatical.

Marcuschi (1983) define os fatores de coesão como "aqueles que dão conta da estruturação da sequência superficial do texto", afirmando que não se trata de princípios meramente sintáticos, mas de "uma espécie de semântica da sintaxe textual", isto é, dos mecanismos formais de uma língua que permitem estabelecer, entre os elementos linguísticos do texto, relações de sentido. Em discordância com Halliday & Hasan, para quem a coesão é uma condição necessária, embora não suficiente para a criação do texto, Marcuschi compartilha a opinião daqueles para os quais não se trata de condição necessária, nem suficiente: existem textos destituídos de recursos coesivos, mas em que "a continuidade se dá ao nível do sentido e não ao nível das relações entre os constituintes linguísticos". Por outro lado, há textos em que ocorre "um sequenciamento coesivo de fatos isolados que permanecem isolados, e com isto não têm condições de formar uma textura".

Tais afirmações levam à distinção entre *coesão e coerência*: embora muitos autores tenham desconsiderado esta distinção, hoje em dia já se tornou praticamente um consenso que se trata de noções diferentes.

Para Beaugrande & Dressler, "a coerência diz respeito ao modo como os componentes do universo textual, ou seja, *os conceitos e relações subjacentes ao texto de superfície* são mutuamente acessíveis e relevantes entre si, entrando numa configuração veiculadora de sentidos".

A coerência, responsável pela continuidade dos sentidos no texto, não se apresenta, pois, como mero traço dos textos, mas como o resultado de uma complexa rede de fatores de ordem linguística, cognitiva e interacional. Assim, diz Marcuschi, "a simples justaposição de eventos e situações em um texto pode ativar operações que recobrem ou criam relações de coerência".

Parece fora de dúvida que pode haver textos destituídos de elementos de coesão, mas cuja textualidade se dá no nível da coerência, como em:

Olhar fito no horizonte. Apenas o mar imenso. Nenhum sinal de vida humana. Tentativa desesperada de recordar alguma coisa. Nada.

Por outro lado, podem ocorrer sequenciamentos coesivos de enunciados que, porém, não chegam a constituir textos, por faltar-lhes a coerência. É o caso de:

O dia está bonito, pois ontem encontrei seu irmão no cinema. Não gosto de ir ao cinema. Lá passam muitos filmes divertidos.

Se é verdade que a coesão não constitui condição necessária nem suficiente para que um texto seja um texto, não é menos verdade, também, que o uso de elementos coesivos dá ao texto maior legibilidade, explicitando os tipos de relações estabelecidas entre os elementos linguísticos que o compõem. Assim, em muitos tipos de textos – científicos, didáticos, expositivos, opinativos, por exemplo – a coesão é altamente desejável, como mecanismo de manifestação superficial da coerência.

Concluindo, pode-se afirmar que o conceito de coesão textual diz respeito a todos os processos de sequencialização que asseguram (ou tornam recuperável) uma ligação linguística significativa entre os elementos que ocorrem na superfície textual.

MECANISMOS

Como se disse anteriormente, Halliday & Hasan (1976) distinguem cinco mecanismos de coesão:

- referência (pessoal, demonstrativa, comparativa);
- substituição (nominal, verbal, frasal);
- elipse (nominal, verbal, frasal);

- conjunção (aditiva, adversativa, causal, temporal, continuativa);
- coesão lexical (repetição, sinonímia, hiperonímia, uso de nomes genéricos, colocação).

São elementos de *referência* os itens da língua que não podem ser interpretados semanticamente por si mesmos, mas remetem a outros itens do discurso necessários à sua interpretação. Aos primeiros denominam *pressuponentes* e aos últimos, *pressupostos*. Para os autores, a referência pode ser situacional (exofórica) e textual (endofórica).

A referência é exofórica quando a remissão é feita a algum elemento da situação comunicativa, isto é, quando o referente está fora do texto; e é endofórica, quando o referente se acha expresso no próprio texto. Neste caso, se o referente precede o item coesivo, tem-se a anáfora; se vem após ele, tem-se a catáfora. Observe-se o quadro:

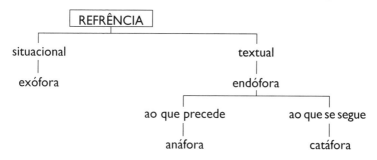

A referência *pessoal* é feita por meio de pronomes pessoais e possessivos; a *demonstrativa* é realizada por meio de pronomes demonstrativos e advérbios indicativos de lugar; e a *comparativa* é efetuada por via indireta, por meio de identidades e similaridades. Vejam-se alguns exemplos:

1. *Você* não se arrependerá de ter lido este anúncio. (exófora)
2. Paulo e José são excelentes advogados. Eles se formaram na Academia do Largo de São Francisco. (Referência pessoal anafórica)

3. Realizara todos os seus sonhos, menos *este*: o de entrar para a Academia. (Referência demonstrativa catafórica)
4. a. É um exercício *igual ao* de ontem. (Referência
   b. É um exercício *semelhante ao* de ontem. comparativa
   c. É um exercício *diferente do* de ontem. endofórica)
5. Por que você está decepcionada? Esperava algo de *diferente*? (Referência comparativa exofórica)

A *substituição* consiste, para Halliday & Hasan, na colocação de um item em lugar de outro(s) elemento(s) do texto, ou até mesmo, de uma oração inteira. Seria uma relação interna ao texto, em que uma espécie de "coringa" é usado em lugar da repetição de um item particular. Exemplos:

6. Pedro comprou um carro novo e José *também*.
7. O professor acha que os alunos não estão preparados, mas eu não penso *assim*.
8. O padre ajoelhou-se. Todos *fizeram o mesmo*.
9. Minha prima comprou um Gurgel. Eu também estou querendo *um*.

Segundo esses autores, a principal diferença entre substituição e referência é que, nesta, há total identidade referencial entre o item de referência e o item pressuposto, ao passo que na substituição ocorre sempre alguma redefinição. A substituição seria usada precisamente quando a referência não é idêntica ou quando há, pelo menos, uma especificação nova a ser acrescentada, o que requer um mecanismo que seja não semântico, mas essencialmente gramatical. Esse processo de redefinição tem o efeito de "repudiar", do item pressuposto, tudo o que não seja transportado na relação de pressuposição: a nova definição é contrastiva com relação à original. Um exemplo do caráter contrastivo da substituição seria:

10. Pedro comprou uma camisa vermelha, mas Jorge preferiu *uma* verde.

Do sintagma nominal (SN) *uma camisa vermelha*, o modificador *vermelha* é "repudiado", acrescentando-se, em seu lugar, o modificador *verde*, o que implica uma redefinição do referente.

A *elipse* seria, então, uma substituição por zero: omite-se um item lexical, um sintagma, uma oração ou todo um enunciado, facilmente recuperáveis pelo contexto. Exemplo:

11. Paulo vai conosco ao leilão?
Ø Vai Ø

A *conjunção* (ou conexão) permite estabelecer relações significativas específicas entre elementos ou orações do texto. Tais relações são assinaladas explicitamente por mercadores formais que correlacionam o que está para ser dito àquilo que já foi dito. Trata-se dos diversos tipos de conectores e partículas de ligação como *e, mas, depois, assim* etc. Halliday & Hasan apresentam, como principais tipos de conjunção, a *aditiva*, a *adversativa*, a *causal*, a *temporal* e a *continuativa*. Um mesmo tipo de relação pode ser expresso por uma série de estruturas semanticamente equivalentes, como em:

12. a. Uma grande paz seguiu-se ao violento tumulto.
b. Após o violento tumulto, houve uma grande paz.
c. Houve um violento tumulto: $\begin{Bmatrix} \text{Depois} \\ \text{Logo após} \end{Bmatrix}$, seguiu-se uma grande paz.

d. Depois que terminou o violento tumulto, houve uma grande paz.

e. Houve uma grande paz, depois de haver terminado o violento tumulto.

A *coesão lexical* é obtida por meio de dois mecanismos: a *reiteração* e a *colocação*. A reiteração se faz por repetição do *mesmo item lexical* ou através de *sinônimos, hiperônimos, nomes genéricos*, como se pode ver nos exemplos a seguir:

13. O *presidente* viajou para o exterior. O *presidente* levou consigo uma grande comitiva. (Mesmo item lexical)
14. *Uma menininha* correu ao meu encontro. A garota parecia assustada. (Sinônimo)
15. *O avião* ia levantar voo. *O aparelho* fazia um ruído ensurdecedor. (Hiperônimo: *aparelho designa o gênero de que avião é* espécie).
16. Todos ouviram um rumor de asas. Olharam para o alto e viram a *coisa* se aproximando. (Nome genérico: coisa, pessoa, fato, acontecimento etc.)

A *colocação* ou *contiguidade*, por sua vez, consiste no uso de termos pertencentes a um mesmo campo significativo:

17. Houve um grande *acidente* na estrada. Dezenas de *ambulâncias* transportaram os *feridos* para os *hospitais* da cidade mais próxima.

Entre os problemas que a classificação de Halliday & Hasan apresenta, está, em primeiro lugar, a fluidez dos limites entre referência e substituição.

Há, de um lado, autores que consideram que toda retomada de referentes textuais (correferência) ocorre por meio de substituição. Tal posição remonta a Harweg, um dos pioneiros da Linguística Textual na Alemanha. Harweg (1968) entende o texto como uma sucessão de unidades linguísticas constituída por uma "cadeia pronominal ininterrupta". Para ele, são os *pronomes* que constituem um texto em texto. Sua noção de pronome é bastante ampla: toda e qualquer expressão linguística correferencial, isto é, que expressa um mesmo referente. Ao fato de os mesmos referentes (seres, objetos, lugares, fatos etc.) poderem ser retomados no texto através de formas linguísticas substitutivas, Harweg denomina "múltiplo referenciamento".

A *substituição* é, para Harweg, "a troca de uma expressão linguística por outra expressão linguística dada. A primeira das duas expressões, aquela que é trocada, denomina-se *substituendum*; a segunda, que se põe no lugar dela, *substituens*". Dentro desta visão, não haveria, pois, razão para se distinguir entre referência e substituição.

Por outro lado, muitos estudiosos se opõem à visão "substitucionalista" da coesão referencial. É o caso, por exemplo, de Kallmeyer, Meyer-Hermann *et al.* (1974), que propõem uma "Teoria da Referência Mediatizada", à qual se voltará mais adiante, bem como de Meyer-Hermann (1976). Estes autores, para refutar a posição substitucionalista, partem da concepção de que, durante o ato comunicativo, o falante dá ao ouvinte uma série de instruções por meio dos elementos linguísticos do texto, distinguindo três tipos básicos de instruções: a) instruções de consequência (nível pragmático); b) instruções de sentido (nível semântico); e instruções de conexão (nível sintático). Os *pronomes* pessoais de 3ª pessoa, segundo eles, dão ao leitor/ouvinte apenas instruções de conexão (esta é a principal diferença entre eles e o SN que funciona como referente, pois este dá instruções de sentido). Tais instruções de conexão seriam: "conecte as instruções de sentido das predicações via *ele* com as instruções do SN precedente que, com relação ao gênero e ao número, é congruente com *ele*". Assim, a tarefa do pronome *não é substituir* um SN, visto que as relações de referência não são efetuadas unicamente por seus dois constituintes – referente textual e forma referencial –, mas essencialmente através da contribuição de elementos con-textuais de ambos os constituintes dessas relações, que trazem *instruções de sentido* para o estabelecimento da relação textual adequada. Por exemplo, em:

18. Ontem li a história de um náufrago que viveu dez anos numa ilha deserta com sua única filha. Quando o navio afundou, ele conseguiu nadar até lá...

as instruções de conexão do pronome *ele* fariam com que o ouvinte estabelecesse a relação de referência entre *ele* e *um náufrago*. Como, porém, dois ou mais SNs precedentes podem, muitas vezes, preencher a condição de concordância em gênero e número, sendo, pois, candidatos potenciais a referentes de uma forma referencial, a decisão do ouvinte dependerá não só da compatibilidade das instruções de sentido dadas pelo elemento de referência, bem como das predicações feitas sobre a forma referencial. Observe-se o exemplo:

19. *O caçador*[1], que segurava fortemente a corrente da qual *o feroz cão de caça*[2] tentava libertar-se, ao avistar a anta abatida, soltou o animal.
    a. *Ele*[2] atirou-se vorazmente sobre a vítima indefesa...
    b. *Ele*[1], depois dessa longa noite na floresta, simplesmente não teve mais forças para opor-lhe resistência...

São as instruções de sentido das predicações feitas sobre *ele* em *a* e *b* que permitem ao leitor/ouvinte decidir qual dos dois SNs precedentes, congruentes com as instruções de *ele*, é o referente do pronome. Kallmeyer *et al.*, bem como Meyer-Hermann, procedem a um estudo das diversas formas de referência, incluindo vários dos tratados por Halliday & Hasan como substituição.

Da mesma forma, Brown & Yule (1983), ao tratarem da coesão, apresentam como tipos de formas correferenciais:

- formas repetidas: O presidente viajou para o exterior. O *presidente* levou consigo uma grande comitiva.
- forma parcialmente repetida: O Dr. A. C. J. Silva dirigiu a sessão. O *Dr. Silva* fez um diagnóstico da atual situação econômica.
- substituição lexical: A filha de Renata está hospitalizada. *A menina* teve uma pneumonia.
- forma substitutiva: Luís comprou um sorvete. Agora seu filho quer *um* também.
- forma elidida: Luís comprou um sorvete. Agora seu filho quer Ø também.

Citam, também, como formas de coesão, relações lexicais como hiponímia e hiperonímia (ex.: dália-flor), parte-todo (ex.: casco-navio); colocabilidade (ex.: sábado se relaciona com domingo); outras relações estruturais como a substituição clausal (ex.: Ele ficou feliz com a notícia. Eu *também*); comparação(ex.: *Meu polegar* é mais forte que *este martelo*; repetição sintática (ex.: Nós entramos. Eles entraram); consistência de tempos verbais; opções estilísticas adequadas ao registro etc.

O que se observa, em primeiro lugar, é que Brown & Yule incluem o *uso de formas substitutivas entre as diversas maneiras de estabelecer a relação de referência*, não considerando, pois, a substituição como um mecanismo à parte. Além disso, criticam a posição "substitucionalista", segundo a qual os itens referenciais, vistos como simples substitutos do referente, poderiam ser sempre trocados por ele.

Brown & Yule ressaltam que, à medida que um texto se desenvolve, o referente sofre mudanças de estado, de modo que sua descrição vai se modificando. Apresentam o exemplo das receitas culinárias, como em:

20. Mate *um frango ativo e roliço*. Prepare-*o* para ir ao forno e corte-*o* em quatro partes. Asse-*o* durante uma hora. Depois, sirva-*o* com rodelas de abacaxi.

É claro, dizem os autores, que, embora a "identidade" do frango seja preservada (pelo menos até o momento de ser esquartejado), a descrição, evidentemente, vai mudando, de modo que, em cada uma das ocorrências, o pronome oblíquo *o* não *substitui* simplesmente o SN "um frango ativo e roliço", não podendo, pois, ser trocado por ele.* Assim, é necessário que se possa associar, como referente, mudanças de estado e transportá-las (ou pelo menos algumas delas) através do discurso, à medida que este progride. Os autores nos convidam a pensar como seria pobre o leitor de David Copperfield que não fosse capaz de perceber, ao final da história, que o herói não era mais a criança do início.

A partir destas considerações, cai por terra o principal critério diferenciador de *referência* e *substituição*, de Halliday & Hasan. Uma discussão teórica mais aprofundada, incluindo os demais critérios apresentados pelos autores, foge do âmbito deste livro.

---

* É o que muitos autores vêm denominando *referentes evolutivos*.

Quanto à elipse, ela consiste, para Halliday & Hasan, numa *substituição por zero*. Portanto, dentro dessa visão, não deveria constituir um tipo à parte. É preciso lembrar, também, que existem tipos diferentes de elipse. Se, muitas vezes, ela consiste simplesmente no apagamento de um termo ou expressão presentes no contexto anterior (e aí se justifica a ideia de *substituição por* Ø), outras vezes ela tem função (co)referencial e, nesses casos, entram em jogo todas as reflexões anteriormente apresentadas a respeito da visão substitutiva de referência. Se, por exemplo, na receita da página anterior, tivéssemos: "Quando (Ø) estiver bem assado, sirva-o...", a elipse estaria apenas substituindo por Ø o SN "um frango ativo e roliço"?

Também a coesão lexical, a meu ver, não constitui um mecanismo funcionalmente independente: o uso de sinônimos, hiperônimos, nomes genéricos constitui uma das formas de remissão a elementos do mundo textual, tendo, pois, a mesma função coesiva das pró-formas; a reiteração do mesmo item lexical pode ter também essa mesma função (cf. Brown & Yule, acima) ou, ainda, exercer função sequenciadora, como é também o caso da *colocação*, enquadrando-se, assim, no que irei chamar adiante de *coesão sequencial*.

A partir destas considerações, e tomando por base a *função* dos mecanismos coesivos na construção da textualidade, proponho que se considere a existência de duas grandes modalidades de coesão: a *coesão remissiva* ou *referencial* (referenciação, remissão) e a *coesão sequencial* (sequenciação), que serão examinadas nos próximos capítulos.

A COESÃO REFERENCIAL

Texto 2 – Itaparica

(1) *Dona de uma luminosidade fantástica* em seus 240 quilômetros quadrados, a ilha de Itaparica elegeu a liberdade como padrão e fez da aventura uma experiência que não tem hora para começar. (2) *Ali* tudo flui espontaneamente, desde que o sol nasce, anunciando mais um dia, até a noite chegar, com o luar refletindo no mar e as luzes de Salvador como pano de fundo. (3) De resto, *a ilha* funciona como um quebra-mar "que protege todo o interior da Baía de Todos os Santos.(4) É a maior de *todas as 54* da região – a Ilha-mãe, para melhor definir a geografia local.

....

(5) Como toda localidade baiana que se preza, *a ilha* pratica ritos de antigas raízes místicas. (6) E *nisto* também é singular. (7) *Ela* abriga o único candomblé do mundo consagrado aos eguns, nome atribuído aos espíritos dos mortos. (8) A tradição *desse culto* foi herdada da nação Ketu e tem presença garantida, quatro vezes por ano, em *suas* cerimônias mais importantes, de muitos africanos que vêm especialmente de *seus* países para o evento. (9) *Nos cultos*, não é permitida a entrada de não iniciados, a não ser com autorização de

alguns sacerdotes egós, os únicos dotados de poder para manter os eguns afastados. (10) *Eles* usam varas brancas e compridas, para evitar que algum mal aconteça aos que apenas vão assistir aos rituais.

(11) *Nessas ocasiões*, uma vela deve ser reverenciada por *todos* antes *das cerimônias*, colocada no alto do morro das Amoreiras. (...)

(Kátia Simões, Shopping News,
Caderno de Turismo, p. 10, 12/03/89)

Observe-se o texto 2: todos os elementos nele destacados fazem, de alguma forma, remissão a outro elemento do texto. Assim, *dona de uma luminosidade fantástica*, de (1), bem como *ali*, de (2), remetem a a *ilha de Itaparica*. O mesmo referente é retomado, em (3) e (5), pelo SN (sintagma nominal) *a ilha* e, em (7), pelo pronome *ela*. Em (4), o sujeito (elíptico) do verbo continua sendo *a ilha de Itaparica*, ocorrendo nova elipse em *todas as 54* (ilhas) da região. Em (6), *nisto* remete a parte do enunciado anterior. Em (8), *desse culto* refere-se a *candomblé*, de (7) e *suas* remete a *culto* e, portanto, a *candomblé*. Já *seus*, em (8), remete a *africanos*. Em (9), *nos cultos* faz remissão a cada uma das cerimônias do candomblé de que o texto fala. *Eles*, em (10), remete a *sacerdotes egós*. Note-se que, em termos de instruções de congruência (concordância em gênero e número), *eles* poderia remeter tanto a *sacerdotes egós* como a *eguns*: são as predicações feitas sobre a forma referencial *eles* e sobre cada um dos possíveis referentes que permitem identificar o verdadeiro elemento de referência a que remete essa pró-forma. *Nessas ocasiões*, em (11), vai remeter ainda aos *cultos* mencionados em (9), mas de forma mais específica, isto é, ao subconjunto daqueles cultos em que é autorizada a entrada de não iniciados. Ainda em (11), *todos* refere-se a cada pessoa que participa do culto; e *das cerimônias* faz, novamente, remissão aos cultos de que se fala no texto.

Todos os elementos anteriormente destacados constituem mecanismos de coesão referencial.

Chamo, pois, de *coesão referencial* aquela em que um componente da superfície do texto faz remissão a outro(s) elemento(s) nela presentes ou inferíveis a partir do universo textual. Ao primeiro denomino *forma referencial* ou *remissiva* e ao segundo, *elemento de referência* ou *referente textual*.

A noção de elemento de referência é, neste sentido, bastante ampla, podendo ser representado por um nome, um sintagma, um fragmento de oração, uma oração ou todo um enunciado. Recorde-se também, como foi dito no capítulo anterior, que o referente representado por um nome ou sintagma nominal (SN) vai incorporando traços que lhe vão sendo agregados à medida que o texto se desenvolve; ou seja, como diz Blanche-Benveniste (1984), o referente se constrói no desenrolar do texto, modificando-se a cada novo "nome" que se lhe dê ou a cada nova ocorrência do mesmo "nome". Isto é, o referente é algo que se (re)constrói textualmente.

Além disso, cabe lembrar que, de acordo com Kallmeyer *et al.* (1974), a relação de referência (ou remissão) não se estabelece apenas entre a forma remissiva e o elemento de referência, mas também entre os contextos que envolvem a ambos.

A remissão, como vimos, pode ser feita *para trás* e *para frente*, constituindo uma *anáfora* ou uma *catáfora*. Vejam-se os exemplos:

1. O homenzinho subiu correndo os três lances de escadas. Lá em cima, *ele* parou diante de uma porta e bateu furiosamente. (anáfora)
2. Ele era tão bom, *o meu marido*! (catáfora)

No texto 2, da página 29 tem-se um início catafórico, já que o referente da expressão "dona de uma luminosidade fantástica" é a *ilha de Itaparica*, que se lhe segue no texto. Os demais elementos sublinhados são todos anafóricos.

Quase todos os estudos sobre coesão referencial partem do pressuposto de que existe identidade de referência entre a forma remissiva e seu referente textual. Tal identidade, porém, é discutível, conforme se disse anteriormente. É isto que leva Kallmeyer *et al.* (1974) a propor a "Teoria da Referência Mediatizada" para caracterizar a função mediadora exercida pela forma remissiva quando da remissão a outros elementos linguísticos do texto. Os autores apresentam, para o pronome pessoal de 3ª pessoa, a ilustração seguinte:

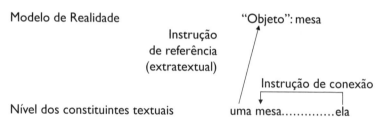

Observem-se, a título de exemplificação, os enunciados em 3 e 4:

3. A *gravata do uniforme de Paulo* está velha e surrada. A minha é novinha em folha.
4. Ontem fui conhecer *a nova casa de Alice. Ela* a comprou com a herança recebida dos pais.
4'. Ontem fui conhecer *a nova casa de Alice. Ela* é moderna e bem decorada

Em 3, não há correferencialidade entre o SN *gravata do uniforme de Paulo* e a forma remissiva *a minha*. A forma remissiva, no caso, "extrai" do grupo nominal o seu elemento de referência ("repudiando" o restante, no dizer de Halliday & Hasan). Em 4, também, a forma remissiva *ela* extrai, do grupo nominal *a nova casa de Alice*, o elemento de referência Alice; já em 4' o elemento "extraído" é *a casa*.

O mesmo acontece com *suas* no enunciado 8 do texto 2, que extrai, do SN *a tradição desse culto*, o referente *esse culto*.

O que dizer, então, da "identidade de referência" no caso de formas remissivas como *isto, aquilo, o* em enunciados como:

5. A mulher criticava duramente todas as suas decisões. *Isto* o aborrecia profundamente.

e no enunciado 6 do texto 2: "E *nisto* também é singular."? Outro engano é pensar que há, necessariamente, entre a forma remissiva e o elemento de referência, identidade de categoria e/ou função. Pode ocorrer, por exemplo, que uma *forma adverbial* remeta a um SN com função de *sujeito* ou *objeto*:

SN-obj.
6. Perto da estação, havia *uma pequena estalagem*. *Lá* costumavam reunir-se os trabalhadores da ferrovia.

Há, também, o caso de formas pronominais que não remetem a nenhum elemento particular do texto; mas ao cotexto (ou parte do cotexto) precedente (ou subsequente) ou, ainda, a algo que precisa ser extraído dele (exemplo 8) como um todo (veja-se os exemplos 5, 7 e 9):

7. No quintal, as crianças brincavam. O prédio vizinho estava em construção. Os carros passavam buzinando. *Tudo isto* tirava-me a concentração.

8. Depois da violenta discussão que tive com Maria, saí para a rua e fiquei vagando algum tempo. Ao voltar, encontrei-a caída no banheiro, com um vidro de pílulas na mão. Eu devia tê-*lo* adivinhado: não era a primeira vez que *isso* acontecia.

9. É preciso considerar *o seguinte*: que, para fazer cair a inflação, não basta congelar preços e salários, mas é preciso diminuir os gastos da administração pública.

Passo agora a fazer um levantamento das principais formas remissivas (ou referenciais) em português, que podem ser de ordem gramatical ou lexical.*

As *formas gramaticais* não fornecem ao leitor/ouvinte quaisquer instruções de sentido, mas apenas instruções de conexão (por ex., concordância de gênero e número) e podem ser *presas* ou *livres*.

As *formas remissivas gramaticais presas* são as que acompanham um nome, antecedendo-o e também ao(s) modificador(es) anteposto(s) ao nome dentro do grupo nominal. Exercem, portanto, a função das determinantes da gramática estrutural e gerativa. Seriam, em termos de nossas gramáticas tradicionais, os *artigos*, os *pronomes adjetivos* (demonstrativos, possessivos, indefinidos, interrogativos e relativos) e os *numerais cardinais* e *ordinais*, quando acompanhados de nomes.

---

* Kallmeyer *et al.* falam em formas *não referenciais e referenciais*. Contudo, o termo referência tem sido usado, em Linguística, com duas acepções distintas: a) na tradição semântica, designando a relação que se estabelece entre uma forma linguística e o seu referente extralinguístico; b) na trilha de Halliday, significando a relação de sentido (basicamente de correferência) que se estabelece entre duas formas na superfície textual. No primeiro caso, pode-se falar em formas linguísticas referenciais ou não referenciais (dotadas apenas de funções internas à língua); no segundo, como sinônimo de remissivas, seria contraditório falar em formas não referenciais.

São *formas gramaticais remissivas livres* os pronomes pessoais de 3ª pessoas (ele, ela, eles, elas) e os pronomes substantivos em geral (demonstrativos, possessivos etc.) que têm função pronominal propriamente dita, bem como advérbios pronominais do tipo *lá, aí, ali, acima* etc.

As *formas remissivas lexicais* seriam, por exemplo, grupos nominais definidos que, além de fornecerem, em grande número de casos, instruções de concordância, contêm, também, instruções de sentido, isto é, fazem referência a algo no mundo extralinguístico. Veja-se o exemplo:

O avô da criança atropelada encontrava-se em estado lastimável! *O velho* chorava desesperado, sem saber que providências tomar.

Creio que se poderiam enquadrar aqui os *sinônimos, hiperônimos, nomes genéricos* etc., quando fazem remissão a outros referentes textuais como se verá mais adiante. Passo, agora, ao exame de cada um dos tipos de formas que podem ter função remissiva em língua portuguesa.

FORMAS REMISSIVAS GRAMATICAIS PRESAS

São as formas que vêm relacionadas a um nome com o qual concordam em gênero e/ou número, antecedendo-o e ao(s) possível(is) modificador(es) do nome dentro do grupo nominal, e que, embora não sendo (*a priori* e sempre) artigos, exercem, nessas condições, a "função-artigo", isto é, pertencem ao paradigma dos determinantes. São elas:

Os artigos definidos e indefinidos

- definidos: o, a, os, as;
- indefinidos: um, uma, uns, umas.

De um modo geral, o *artigo indefinido* funciona como *catafórico* (isto é, remete à informação subsequente), e o *artigo definido* como *anafórico* (ou seja, faz remissão à informação que o precede no texto), como nos exemplos:

10. *Um* índice importante do descalabro da atual situação econômica do país é o gradativo empobrecimento da classe média.
11. Depois de algum tempo, aproximou-se de nós um desconhecido trajado de modo estranho. *O* desconhecido tirou do bolso do paletó um pequeno embrulho.

Weinrich (1971, 1973), em sua "Teoria do Artigo" (desenvolvida, primeiramente, para o alemão e adaptada, depois, para o francês), mostra que o artigo definido pode não só remeter a informações do contexto precedente, como a elementos da situação comunicativa e ao conhecimento prévio – culturalmente partilhado – dos interlocutores, como, por exemplo, em *o sol, o cristianismo* etc.; a classes, gêneros ou tipos (*O homem* é um animal racional; *O lobo* encontrou *o cordeiro* bebendo água no riacho); a "frames" ou esquemas cognitivos, como em "Ele não pôde vir de *carro*. *A bateria* estava descarregada e *os freios* estavam falhando". À relação entre *bateria, freios* e *carro* tem-se denominado, também, *anáfora semântica* ou *anáfora associativa*. O "frame" é ativado, no caso, pela ocorrência do termo *carro*. Este fato tem levado alguns estudiosos a distinguir entre *anáfora superficial,* que se estabelece entre uma forma remissiva e um referente textual, e *anáfora profunda*, em que o referente pode não se encontrar explícito no próprio enunciado, mas é deduzível do contexto através de inferências.

Existem regras para o emprego dos artigos como formas remissivas; por exemplo, um referente introduzido por um artigo indefinido só pode ser retomado por um SN introduzido por artigo definido: "*Era uma vez um rei muito rico que tinha duas filhas. O rei...*". Já um SN introduzido por um artigo definido pode ser retomado por outro SN introduzido pelo artigo definido: *O presidente falou à população. O presidente expôs o novo programa econômico do governo.*

Anote-se, também, que a remissão, por meio de artigo, à informação subsequente (catafórica) só pode ocorrer dentro do mesmo enunciado, ao passo que a remissão à informação anterior (anafórica) pode ultrapassar – e geralmente ultrapassa – os limites do enunciado que o contém.

Pronomes adjetivos

São os pronomes que exercem, segundo Kallmeyer *et al.*(1974), a "função-artigo", a saber:

Demonstrativos: este, esse, aquele, tal.

12. Há, entre outras, a hipótese de que os preços venham a estabilizar-se. {Essa / Tal} hipótese parece-me por demais otimista.

Possessivos: meu, teu, seu, nosso, vosso, dele.

13. Joana vendeu a casa. Depois que *seus* pais morreram num acidente, ela não quis continuar vivendo lá.

Indefinidos: algum, todo, outro, vários, diversos etc.

14. O Estado é regido por leis. *Algumas* leis são constitutivas do próprio Estado, formando, assim, a *Constituição*. Desta, decorrem *todas as outras* leis.

Interrogativos: quê? qual?

15. Hoje vamos falar sobre animais invertebrados. *Que* animais são esses?

Relativo: cujo.

16. É esta a árvore a *cuja* sombra os viajantes costumavam descansar.

NUMERAIS CARDINAIS E ORDINAIS

Também os numerais podem exercer a "função-artigo", quando acompanham um nome dentro do SN:

17. Preciso de alguns alunos para ajudarem na pesquisa. *Dois* alunos procederão ao levantamento do corpus e *três* alunos farão uma resenha da literatura pertinente. O *primeiro* aluno que se apresentar como voluntário será o coordenador.

FORMAS REMISSIVAS GRAMATICAIS LIVRES

As formas remissivas gramaticais livres são aquelas que não acompanham um nome dentro de um grupo nominal, mas que podem ser utilizadas para fazer remissão, anafórica ou cataforicamente, a um ou mais constituintes do universo textual. A estes ficaria reservada a denominação genérica de "pronomes" ou de "pró-formas". São elas:

PRONOMES PESSOAIS DE 3ª PESSOA:
ELE, ELA, ELES, ELAS

Estes pronomes fornecem ao leitor/ouvinte *instruções de conexão* a respeito do elemento de referência com o qual tal conexão deve ser estabelecida. Quando anafóricos, têm por tarefa sinalizar que as indicações referenciais das predicações sobre o pronome devem ser colocadas em relação com as indicações referenciais de um determinado grupo nominal do contexto precedente.

No caso de haver mais de um grupo nominal que poderia ser potencialmente o elemento de referência, por preencher as condições de concordância do pronome, as indicações referenciais das predicações feitas sobre cada elemento desempenham papel decisivo na decisão do leitor/ouvinte sobre qual dos possíveis elementos de referência deve ser selecionado como tal. Observem-se os exemplos:

18. *As crianças*[1] estão viajando. *Elas*[1] só voltarão no final do mês.
19. *O juiz*[1] condenou *o réu*[2] a dez anos de prisão. *Ele*[1] achou essa pena condizente com as circunstâncias do crime.
20. *O juiz*[1] condenou *o réu*[2] a dez anos de prisão. *Ele*[2] não se conforma com o rigor da pena.
21. Na estação, *José*[1] avistou o *visitante*[2]. *Ele*[2] pareceu-lhe cansado e apreensivo.
22. Na estação, *José*[1] avistou *o visitante*[2]. *Ele*[1] havia esperado ansiosamente pelo reencontro.

Os exemplos 19 a 22 mostram que são os elementos linguísticos formadores do cotexto os responsáveis diretos para que se estabeleça, entre o pronome pessoal de 3ª pessoa e um grupo nominal determinado, a relação de remissão.

Elipse

Cabe lembrar que, em português, a remissão poderia ser também estabelecida por meio de *elipse*, como em:

23. Os convidados chegaram atrasados. (Ø) Tinham errado o caminho e custaram a encontrar alguém que os orientasse.
24. Asse o frango até ficar dourado. Coloque (Ø) em uma travessa enfeitada com pêssegos e rodelas de abacaxi.

Pronomes substantivos

Demonstrativos
Grupo 1: este, esse, aquele, tal, o mesmo.
Grupo 2: isto, isso, aquilo, o.

Os demonstrativos do grupo 1 concordam em gênero e número com o elemento de referência. Exemplos:

25. Um encapuzado atravessou a praça e sumiu ao longe. Que vulto era *aquele* a vagar, altas horas da noite, pelas ruas desertas?
26. Teria dinheiro, muito dinheiro, carros de luxo e mulheres belíssimas. *Tais* eram as fantasias que lhe passavam pela mente enquanto se dirigia para a estação.

27. Os candidatos foram convocados por edital. *Os mesmos* deverão apresentar-se, munidos de documentos, até o dia 25.

As formas do grupo 2, por sua vez, remetem, geralmente, a fragmentos oracionais, orações, enunciados ou a todo o contexto anterior. Observem-se os exemplos a seguir (vejam-se também os exemplos 5 e 8):

28. Pedro será promovido, mas terá de aposentar-se logo a seguir. Foi *o* que me revelou um amigo do governador.
29. Antônio pensa que seu time vai ganhar o campeonato, mas eu não acredito *nisso*.

Este, aquele, isto, aquilo, podem, ainda, exercer função localizadora, ou seja, podem dar ao leitor/ouvinte instruções sobre a localização dos respectivos referentes no texto:

30. Luís e Márcio trabalham juntos num escritório de advocacia. *Este* dedica-se a causas criminais, *aquele* a questões tributárias.
31. Soube, ontem, que você irá ocupar um alto cargo na empresa e que está de mudança para uma casa mais próxima do seu local de trabalho. Se *isto* me entristeceu, já que somos vizinhos há tantos anos, *aquilo* me deixou muito contente.

As formas remissivas demonstrativas, tanto as do grupo 1 como as do grupo 2, podem atuar anafórica ou cataforicamente.

Possessivos: (o) meu, (o) teu, (o) seu, (o) nosso, (o) vosso, (o) dele.

31'. Esta é a minha opinião sobre o assunto. E *a sua*, qual é?

31". Perdi o caderno com todas as minhas anotações de aula. Felizmente, Roberto me emprestou *o dele* para que eu possa me preparar para a prova.

32. Renata lançou os olhos pelas terras que se estendiam a perder de vista. Tudo isso era *seu*!

Indefinidos: tudo, todos, nenhum, vários, cada um, cada qual etc.

33. Trouxeram-lhe flores, doces, presentes. Foi *tudo* em vão.
34. Pediu auxílio a parentes e amigos. *Nenhum* atendeu ao seu apelo.
35. Os amigos acorreram. *Cada um* trazia urna pequena contribuição.

Interrogativos: que? qual? quanto?

36. Vamos conhecer melhor o continente em que vivemos. *Quantos* e *quais* são os países da América do Sul?

Relativos: que, o qual, quem.

37. Cerca de mil pessoas compareceram à homenagem, dentre *as quais* se destacavam políticos, artistas e esportistas célebres.

NUMERAIS

Cardinais

38. Antônio, José e Pedro estudam desde pequenos. *Os três* pretendem formar-se em Medicina.

Ordinais

39. Haverá prêmios para os melhores trabalhos. *O primeiro* será uma viagem à Europa.

Os ordinais têm, muitas vezes, função localizadora (confronte-se o que se disse sobre os demonstrativos *este, aquele*).

40. Marta, Lúcia e Inês são esportistas. *A primeira* joga tênis, a *segunda* basquete e {a terceira / a última} pratica natação.

Multiplicativos

41. Na semana passada, Renata ganhou 100 reais na Loteca. Hoje, Mariana ganhou o *dobro*.

Fracionários

42. Os bens do excêntrico milionário ontem falecido foram assim distribuídos: *um terço* para seu cãozinho de estimação e *dois terços* para instituições filantrópicas.

ADVÉRBIOS "PRONOMINAIS": EXEMPLO DE UM SISTEMA DE INSTRUÇÕES

São formas remissivas do tipo: *lá, aí, ali, aqui, onde*. Tais formas fazem remissão a grupos nominais dotados, via de regra, do traço semântico [-animado]. Por exemplo:

43. Perto do parque há *um pequeno restaurante*[1]. *Lá*[1] se reúnem muitos jovens ao entardecer.

Um elemento [+ animado] pode ser o referente de uma forma remissiva adverbial, desde que seja possuidor do traço [+ localizável], como no exemplo:

44. Admirava o corpo do namorado e olhava para seus *ombros largos*. *Ali* estaria sempre em segurança.

Havendo dois ou mais antecedentes possíveis para as formas *lá, ali, aí* o referente será, geralmente, o mais próximo:

45. Constituíam a mobília da sala uma mesa, uma poltrona, um porta-chapéus e um aparador. *Ali* estava a carta que acabara de chegar.
46. Mais adiante, um casebre e um pequeno pomar. *Aí* se avistavam mangueiras, arbustos e laranjeiras.

A regra de que, quando houver dois ou mais antecedentes possíveis para os advérbios *lá, ali*, o referente será o mais próximo, nem sempre se verifica, contudo. Kallmeyer *et al.* (1974) citam o trecho seguinte, extraído de E. Canetti:

47. Aix. *Um pequeno café*, bem defronte à entrada da penitenciária. Tarde da noite, estava eu *ali* (*lá*) sentado...

Embora tanto *um pequeno café* quanto *entrada da penitenciária* possuam os traços [- animado], [+ localizável] e *entrada da penitenciária* seja o mais próximo, a forma *ali* (*lá*) remete ao primeiro SN: *um pequeno café*. Os autores negam que se trate, simplesmente, de uma questão de "conhecimento de mundo" do leitor, isto é, que seria pouco provável alguém se encontrar, tarde da noite, sentado na entrada da Penitenciária, havendo, assim, incompatibilidade entre as instruções de referência de "*tarde da noite eu estava sentado...*" e as de *penitenciária*. Tal incompatibilidade não parece ser razão decisiva para levar o leitor a interpretar como referente de *ali* (*lá*) o grupo nominal *um pequeno café*, já que seria possível substituir *penitenciária* por *restaurante* "*La Rotonde*", cujas instruções de referência são compatíveis com as predicações feitas e o referente continuaria sendo *um pequeno café*:

47'. Aix. *Um pequeno café*[1] bem defronte à entrada do Restaurante "*La Rotonde*". Tarde da noite estava eu *ali*(*lá*)[1] sentado...

Kallmeyer *et al.* recorrem, para explicar o fato, às noções de *tema* (aquilo sobre que se fala) e *rema* (o que se diz sobre o tema, as predicações feitas sobre o tema): *um pequeno café* é o tema do enunciado e *bem defronte à entrada do Restaurante "La Rotonde"* constitui o seu rema. Isto é, havendo mais de um elemento potencial de referência para *lá*, *ali*, todos dotados do traço [- animado] e/ou [+ localizável] e cujas instruções referenciais sejam compatíveis com as das predicações sobre *lá*, *ali*, mas que tenham funções diferentes no que diz respeito à estrutura temática, então a forma remissiva em geral se refere àquele que é o tema da oração anterior.

Acontece, porém, que, se modificarmos a estrutura de 47' para 47", em que *um pequeno café* passa a ser *rema*, esse SN continua sendo o referente de *lá*, devendo-se aplicar, aqui, a regra da proximidade, o que evidencia a necessidade de se proceder a uma hierarquização das regras.

47".Aix. Bem defronte à entrada do Restaurante "La Rotonde" fica *um pequeno café*¹. Tarde da noite, estava eu *ali*¹ sentado...

O sistema de regras de instrução das formas *lá*, *ali* teria de dar conta de todos esses fatos. Assim: 1) a relevância do traço [± animado] restringe-se aos casos em que ocorre o traço [- localizável], ou seja, em que o elemento de referência não tem o estatuto de um adverbial locativo; 2) havendo dois elementos de referência possíveis, *lá*, *ali* se referem ao último (mais próximo); 3) a validade da regra anterior depende da estrutura temática do enunciado que contém o elemento de referência, ou seja: se no enunciado antecedente àquele que contém as formas remissivas *lá*, *ali*, houver vários grupos nominais que poderiam ser seus referentes potenciais (por terem, entre outros, o traço [- animado] e por serem as instruções de referência das predicações sobre *lá*, *ali* compatíveis com as destes grupos nominais), e se tais grupos preencherem com relação à estrutura temática funções diferentes, então *lá*, *ali* se referem àquele grupo nominal que constitui o tema do enunciado anterior.

A hierarquização das regras é, como se disse, necessária para explicar casos como 47", por exemplo, em que a regra da proximidade é aplicável. Assim, o traço [+ localizável] domina o traço [± animado], já que este último só entra em consideração quando não se trata de um referente com o estatuto de adverbial locativo e quando houver compatibilidade entre as instruções referenciais das predicações sobre *lá*, *ali* ou de seu contexto, com as de vários elementos de referência potenciais. Trata-se, como se vê, de uma sequência de passos decisórios; e a decisão de considerar o grupo nominal mais próximo como referente poderia estar no final do processo de decisão, isto é, ocupar, na hierarquia das regras, um lugar inferior.

Expressões adverbiais do tipo: acima, abaixo, a seguir, assim, desse modo etc.

São formas remissivas dêiticas que atuam anafórica ou cataforicamente, apontando, de modo geral, para porções maiores do texto (predicados, orações, enunciados inteiros). Observem-se os exemplos:

48. Luciano acha que a desonestidade não compensa. Pena é que sua mulher não pense { *assim.* / *desse modo.* / *de modo semelhante.* }
49. É preciso ponderar *o seguinte*: não adianta tentar eliminar os efeitos, sem debelar as causas do mal.
50. Os exemplos *abaixo* comprovam a minha afirmação:
    a) ....
    b) ....
    c) ....
51. Confronte-se *acima* o que foi dito sobre os pronomes.

Formas verbais remissivas (pró-formas verbais)

Algumas formas remissivas livres não referenciais, verbos como *fazer*, têm sido denominados na literatura especializada de *pró-formas verbais*. Acontece, porém, que tais formas remissivas não costumam vir isoladas e sim acompanhadas de uma forma pronominal do tipo: *o mesmo, o, isto, assim* etc.; além disso, não remetem apenas a um verbo, mas a todo o predicado, isto é, o verbo com seus complementos e adverbiais. Por exemplo:

52. O Presidente resolveu reduzir os gastos da administração pública. Os governadores *fizeram o mesmo*.

53. Vou atender ao seu pedido. Mas só *o faço* (*faço isso*) porque sou seu amigo.

Há línguas que possuem verdadeiras pró-formas verbais, como o inglês *do*, por exemplo. No português, porém, elas são de uso bastante restrito: além de *fazer* (com as restrições anteriormente apontadas), tem-se o uso remissivo de *ser* em exemplos como:

54. O.K. Empresto-lhe o carro. Mas *é* porque confio em você.

FORMAS REMISSIVAS LEXICAIS

As *formas remissivas lexicais* são aquelas que, além de trazerem instruções de conexão, possuem um significado extensional, ou seja, designam referentes extralinguísticos.

EXPRESSÕES OU GRUPOS NOMINAIS DEFINIDOS

Trata-se de grupos nominais introduzidos pelo artigo definido ou pelo demonstrativo que exercem função remissiva. Exemplo:

55. Reagan perdeu a batalha no Congresso. *O presidente dos Estados Unidos* vem sofrendo sucessivas derrotas políticas.

Tais expressões efetuam, em geral, uma "ativação parcial" de propriedades ou características do elemento de referência que as precede no texto. Em outras palavras, elas operam uma "disjunção" das propriedades que caracterizam dado referente. Também aqui as instruções referenciais das predicações sobre o referente, bem como todo o contexto, precisam ser levados em consideração. Veja-se o exemplo a seguir:

> 56. Um homem caminhava pela rua deserta: esfarrapado, cabisbaixo, faminto, abandonado à própria sorte. *A pobre criatura* parecia não notar a chuva fina que caía e lhe encharcava os ossos à mostra.

É o contexto que permite, no caso, a ativação de instruções que remetem *a pobre criatura* ao grupo nominal *um homem*.

Ocorre, porém, que nem sempre as instruções referenciais da forma remissiva referencial consistem em "ativação parcial" de instruções referenciais do contexto antecedente. Muitas vezes, tais instruções são fornecidas justamente pelo próprio uso da expressão referencial. Nesse caso, a escolha das características a serem ativadas na expressão nominal definida tem valor essencialmente argumentativa. Veja-se a diferença em relação a 57:

> 57. Reagan perdeu a batalha no Congresso. *O cow-boy do farwest americano* não tem tido a mesma sorte que tinha nos filmes da Warner & Brothers.

Expressões referenciais desse último tipo costumam ocorrer em contextos em que o referente é um nome próprio ou equivalente.

Nominalizações

Trata-se de formas nominalizadas (nomes deverbais), através das quais se remete ao verbo e argumentos da oração anterior.

Não existindo no léxico o deverbal correspondente, utilizam-se formas supletivas. Por esse meio, encapsulam-se as predicações antecedentes ou subsequentes, que passam a ser designadas por um rótulo nominal.

58. Os grevistas paralisaram todas as atividades da fábrica. *A paralisação* durou uma semana.

EXPRESSÕES SINÔNIMAS OU QUASE SINÔNIMAS

59. A porta se abriu e apareceu *uma menina*. *A garotinha* tinha olhos azuis e longos cabelos dourados.

Nomes genéricos (ex.: coisa, pessoa, fato, fenômeno)

60. A multidão ouviu o ruído de *um motor*. Todos olharam para o alto e viram *a coisa* se aproximando.

HIPERÔNIMOS OU INDICADORES DE CLASSE

61. Vimos *o carro* do ministro aproximar-se. Alguns minutos depois, *o veículo* estacionava adiante do Palácio do Governo.
62. O professor mandou os alunos desenharem *quadrados, retângulos* e *trapézios*. *Os quadriláteros* encontravam-se empilhados uns sobre os outros na mesa dianteira da sala e os alunos deveriam copiá-los e sombreá-los "ao natural".

Formas referenciais com lexema idêntico ao núcleo do SN antecedente, com ou sem mudança de determinante

63. *Os cães* são animais de faro apuradíssimo. Por isso, *os cães* são excelentes auxiliares da polícia.
64. O bandido disparou *um tiro*. *Esse tiro* acertou uma mulher que passava despreocupada pela calçada.

Meyer-Hermann (1976) chama a atenção, ainda, sobre os seguintes tipos de formas remissivas referenciais:

Formas referenciais cujo lexema fornece instruções de sentido que representam uma "categorização" das instruções de sentido de partes antecedentes do texto

65. Imagina-se que existam outros planetas habitados. *Essa hipótese* tem ocupado a mente dos cientistas desde que os OVNIs começaram a ser avistados.

Formas referenciais em que as instruções de sentido do lexema constituem uma "classificação" de partes anteriores ou seguintes do texto no nível metalinguístico

66. Então, o marido ergueu-se, dizendo. "Vai embora, mulher, não existe mais nada entre nós". *Esta frase* ficou martelando-lhe na cabeça por um longo tempo.

Como se pôde verificar ao longo deste capítulo, a referência ou remissão, nem sempre se estabelece sem ambiguidade. Havendo, no cotexto, dois ou mais referentes potenciais para uma forma remissiva, a decisão do leitor/ouvinte terá de se basear nas predicações feitas sobre elas, levando em conta todo o universo textual em que estão inseridas. Cabe, pois, ao produtor do texto evitar, sempre que possível, a ambiguidade potencial de referência.

A questão da coesão referencial é, sem dúvida, muito mais complexa do que ficou esboçado nas reflexões deste capítulo. Espera-se, assim, que o leitor se sinta estimulado a aprofundar o estudo da questão.

A COESÃO SEQUENCIAL

A segunda grande modalidade de coesão textual é aquela a que denominamos *coesão sequencial* ou *sequenciação*.

A coesão sequencial diz respeito aos procedimentos linguísticos por meio dos quais se estabelecem, entre segmentos do texto (enunciados, partes de enunciados, parágrafos e sequências textuais), diversos tipos de relações semânticas e/ou pragmáticas, à medida que se faz o texto progredir. São os procedimentos incluídos no segundo grupo analisado no texto 1. O texto é, como diz Weinrich (1964), uma "estrutura determinativa" cujas partes são interdependentes, sendo cada uma necessária para a compreensão das demais. Esta interdependência é devida, em parte, aos diversos mecanismos de sequenciação existentes na língua. É a tais mecanismos que será dedicado este capítulo.

A progressão textual pode fazer-se com ou sem elementos recorrentes. Pode-se falar aqui em *sequenciação frástica* (sem procedimentos de recorrência estrita) e *sequenciação parafrástica* (com procedimentos de recorrência)[1]. Passo a seguir ao exame de cada um dos tipos de sequenciação.

---

[1] Castilho (1988) fala em "rematização frástica" (de *phrázō*, "informar emitir sinais verbais, fazer compreender") e "rematização parafrástica" (de *paraphrázō*, "parafrasear, alterar o sentido, comentar").

SEQUENCIAÇÃO PARAFRÁSTICA

Texto 3

Era uma aldeia de pescadores de onde a alegria *fugira* e os dias e as noites se *sucediam* numa *monotonia* sem fim, *das mesmas coisas que aconteciam, das mesmas coisas que se diziam, dos mesmos gestos que se faziam,* e os olhares eram tristes, baços peixes que já nada *procuravam*, por saberem inútil procurar qualquer coisa, os rostos vazios de sorrisos e de surpresas, a morte prematura morando no *enfado*, só as intermináveis *rotinas* do dia a dia, prisão daqueles que se *haviam condenado* a si mesmos, sem esperanças, nenhuma outra praia pra onde navegar...

Até que o mar, quebrando um mundo, *anunciou* de longe que trazia nas suas ondas coisa nova, desconhecida, forma disforme que flutuava, e todos vieram à praia, na espera...
E ali ficaram, até que o mar, sem se apressar, trouxe a coisa e a depositou na areia, surpresa triste, um homem morto...

(Rubem Alves, *A Aldeia que nunca mais foi a mesma*,
Folha de S. Paulo 19/05/84)

Ao ler o primeiro parágrafo do texto 3, verifica-se que o autor procura passar aos leitores a imagem da mesmice, da total estagnação em que se encontrava a aldeia. Para tanto, utiliza uma série de recursos linguísticos destinados a marcar essa situação de modo a tornar o próprio texto pesado, arrastado, monótono. Entre tais recursos, destacam-se:

- extensão do parágrafo, formado de um único e longo período, o que torna cansativa a própria leitura (particularmente se feita em voz alta);
- reiteração de termos veiculadores de ideias básicas, como *mesmo*;

- reiteração de estruturas sintáticas: *das mesmas coisas que aconteciam, das mesmas coisas que se diziam, dos mesmos gestos que se faziam*, obedecendo, inclusive, a um mesmo ritmo cadenciado (similicadência);
- reiteração do conectivo *e*;
- predominância de verbos no *pretérito imperfeito do indicativo*, dando a ideia de continuidade, duração dos fatos no tempo;
- reiteração do conteúdo semântico, marcada inclusive pela seleção lexical dos adjetivos e de termos quase sinônimos como *monotonia, enfado, rotina, dia a dia.*

Somente no segundo parágrafo, iniciado pelo conector *até que* e com a mudança do tempo verbal para o *pretérito perfeito*, é que vai ser introduzido o fato novo, que deverá quebrar a rotina. No primeiro parágrafo, portanto, predomina o tipo de sequenciação a que estou chamando de *parafrástica*.

Tem-se, assim, sequenciação parafrástica quando, na progressão do texto, utilizam-se procedimentos de recorrência, tais como:

Recorrência de termos

(reiteração de um mesmo item lexical):

1. E o trem *corria, corria, corria...*

Ressalte-se, no entanto, que não existe uma identidade total de sentido entre os elementos recorrentes, ou seja, cada um deles traz consigo novas instruções de sentido que são acrescentadas às do termo anterior.

RECORRÊNCIA DE ESTRUTURAS — PARALELISMO SINTÁTICO

A progressão se faz utilizando-se as mesmas estruturas sintáticas, preenchidas com itens lexicais diferentes:

2. Nosso céu tem mais estrelas,
   Nossas várzeas têm mais flores,
   Nossos bosques têm mais vida,
   Nossa vida mais amores.
   (*Gonçalves Dias*)

RECORRÊNCIA DE CONTEÚDOS SEMÂNTICOS — PARÁFRASE

Se, no paralelismo, há recorrência de estruturas sintáticas preenchidas com elementos lexicais diferentes, veiculadoras, portanto, de conteúdos semânticos diversificados, na paráfrase tem-se um mesmo conteúdo semântico apresentado sob formas estruturais diferentes.

Cabe ressaltar, porém, que como acontece na recorrência de termos, a cada reapresentação do conteúdo, ele sofre alguma alteração, que pode consistir, muitas vezes, em ajustamento, reformulação, desenvolvimento, síntese ou previsão maior do sentido primeiro. Cada língua possui uma série de expressões linguísticas introdutoras de paráfrases, como: *isto é, ou seja, quer dizer, ou melhor, em outras palavras, em síntese, em resumo* etc. Por exemplo:

3. Em todo enunciado, fala-se de um determinado estado de coisas de uma determinada maneira: *isto é, ao lado daquilo que se diz, há o modo como aquilo que se diz é dito.*

Recorrência de recursos fonológicos segmentais e/ou suprassegmentais

Tem-se, no caso, a existência de uma invariante, como igualdade de *metro, ritmo, rima, assonâncias, aliterações* etc., como se pode ver no exemplo a seguir:

4. O poeta é um fingidor:
   Finge tão completamente
   Que chega a fingir que é dor
   A dor que deveras sente.
   (*Fernando Pessoa*)

Recorrência de tempo e aspecto verbal

Weinrich (1964, 1971), dentro de uma "macrossintaxe textual", examina os tempos verbais de acordo com três características constitutivas do sistema temporal:

1. a atitude comunicativa;
2. a perspectiva;
3. o relevo.

Existem, segundo ele, dois tipos de atitude comunicativa: comentar e narrar. Cada língua possui tempos verbais próprios para assinalar a atitude comunicativa: os tempos do comentário conduzem o ouvinte a uma atitude receptiva tensa, engajada, atenta; os do relato, ao contrário, levam o ouvinte a assumir uma atitude receptiva relaxada, não lhe exigindo nenhuma reação direta. Em português, são tempos do mundo comentado o *presente do indicativo*, o *pretérito perfeito* (simples e composto), o *futuro do presente*; e tempos do mundo narrado, o *pretérito perfeito simples*, o *pretérito imperfeito*, o *pretérito perfeito mais-que-perfeito*, e o *futuro do pretérito do indicativo*.

Quanto à *perspectiva*, tem-se, em cada mundo, os tempos-zero (sem perspectiva) e os tempos retrospectivos e prospectivos. No mundo comentado, o tempo-zero é o presente; o retrospectivo, o pretérito perfeito e o prospectivo, o futuro do presente; no mundo narrado, há dois tempos-zero – o pretérito perfeito e o imperfeito; o pretérito mais-que-perfeito é retrospectivo; e o futuro do pretérito, prospectivo com relação aos tempos-zero. (cf. Koch, 1984)

Finalmente, o relevo divide o texto em primeiro plano e segundo plano, dando instruções ao ouvinte sobre a informação considerada principal e aquela que é apenas secundária. Em português (como também em francês), a indicação de relevo através do tempo verbal só ocorre no mundo narrado: o perfeito indica o primeiro plano, o imperfeito, o pano de fundo.

Assim, a recorrência de tempo verbal tem função coesiva, indicando ao leitor/ouvinte que se trata de um sequência de comentário ou de relato, de perspectiva retrospectiva, prospectiva ou zero, ou ainda, de primeiro ou segundo plano, no relato. Veja-se por exemplo:

> 5. O recanto era aprazível. O vento balançava suavemente as copas das árvores, os raios do sol refletiam-se nas águas do riacho e um perfume de flores espalhava-se pela clareira onde descansavam os viandantes.
> De súbito, ouviu-se um grande estrondo e todos se puseram de pé, sobressaltados.

Na primeira parte, tem-se a recorrência do mesmo tempo verbal – o imperfeito do indicativo. Trata-se de "transições homogêneas", segundo Weinrich, que, no caso, indicam ao ouvinte que se trata do segundo plano de um relato. Quando ocorre a mudança do imperfeito para o perfeito do indicativo (transição heterogênea do 1ºgrau, para Weinrich), assinala-se a mudança de perspectiva, isto é, passa-se ao primeiro plano do relato, o da ação propriamente dita. Assim, até o final da primeira parte, tem-se uma sequenciação parafrástica e, na segunda, uma sequenciação frástica. A partir de então, enquanto perdurarem os verbos no pretérito perfeito, indicando o primeiro plano do relato, a sequenciação será novamente parafrástica, até que ocorra nova mudança de tempo. Se se passasse, por exemplo, para o presente do indicativo, ocorreria mudança da atitude comunicativa de relato para a de comentário; se, além disso, se viesse a utilizar o futuro do presente, haveria, ainda, mudança de perspectiva (zero para prospectiva), tendo-se, então, uma transição heterogênea de 2º grau (alteração de mais de um traço).

Weinrich descarta a noção de aspecto verbal, por achar que aquilo que se costuma chamar de "aspecto" se encontra incluído nos tempos verbais próprios de cada situação. Não me parece, porém, que a teoria dos tempos verbais de Weinrich seja capaz de dar conta de todos os matizes aspectuais de modo que, a meu ver, a noção de aspecto não deve ser abandonada. Assim, também a recorrência do mesmo aspecto verbal deve ser considerada como um fenômeno de sequenciação parafrástica.

SEQUENCIAÇÃO FRÁSTICA
Texto 4

Todo jornalismo é político, no sentido amplo da palavra. *Se* política é a ciência dos fenômenos relacionados com o

Estado, *e se* o Estado é a nação politicamente organizada, *quando* um repórter escreve sobre qualquer fato ocorrido no país, *mesmo* sobre um assassinato no morro da Mangueira, está fazendo jornalismo político. *Ainda que* passional, um assassinato sempre envolverá relações entre indivíduos e autoridade. Vale a imagem para o esporte, *pois* ao reportar um jogo do Flamengo com o Vasco o jornalista estará, *antes de mais nada*, referindo-se a uma prática regulada em leis, portarias e sucedâneos, *bem como* a algo que apaixona a população inteira.

Convencionou-se, *no entanto*, que jornalismo político deve referir-se apenas à atividade dos poderes constituídos, dos partidos, das associações influentes no meio social, dos governos, oposições e instituições jurídicas afins. E *até* dos militares, hoje em dia. Dentro desse jornalismo político restrito atua-se sob diversas formas. Fazem-se entrevistas. Reportagens. Descrevem-se reuniões, *sejam* as formais, como do Congresso, *sejam* as informais, tipo comícios e passeatas. Há a cobertura de fatos específicos, *como* eleições, composição de governos, viagens de políticos, crises e até golpes e revoluções. Segue-se, *também*, o desenvolvimento de determinadas ideias, ou propostas, *como* a das eleições diretas *ou* a da convocação de uma assembleia nacional constituinte.

(Carlos Chagas, *Arte e artes da crônica política*,
Revista de Comunicação nº 1, p. 12)

Como se pode notar no texto anterior, a progressão se faz por meio de sucessivos encadeamentos, assinalados por uma série de marcas linguísticas através das quais se estabelecem, entre os enunciados que compõem o texto, determinados tipos de relação. O texto se desenrola sem rodeios ou retornos que provoquem um "ralentamento" no fluxo informacional. Tem-se, aqui, o tipo de sequenciação a que denomino *frástica*. Entre os principais mecanismos responsáveis pela sequenciação frástica no texto 4, podem-se destacar conectores de diversos tipos, como:

- *se* que estabelece uma relação de implicação entre um antecedente e um consequente:

Se a política é a ciência dos fenômenos relacionados com o Estado / *Se* o Estado é a nação politicamente organizada } então, quando um repórter escreve... está fazendo jornalismo político.

- *e, bem como, também*, que somam argumentos a favor de determinada conclusão.
- *quando*, que opera a localização temporal dos fatos a que se alude no enunciado.
- *ainda que, no entanto*, que introduzem uma restrição, oposição ou contraste com relação ao que se disse anteriormente.
- *pois*, que apresenta uma justificativa ou explicação sobre o ato de fala anterior.
- *sejam... sejam, como*, que introduzem uma especificação e/ou exemplificação.
- *ou*, que introduz uma alternativa.

Outros elementos, como *mesmo, até, antes de mais nada*, têm função argumentativa, isto é, orientam os enunciados em que figuram para determinadas conclusões.

Sendo o tema do texto o jornalismo político, ocorrem nele uma série de termos relativos à política e ao jornalismo – estes são os principais *campos lexicais* encontrados no texto.

Comparando-se os textos 3 e 4, verifica-se que, no primeiro, uma mesma ideia vai sendo repisada até a exaustão, tornando lenta a progressão temática, ao passo que, no segundo, o fluxo da informação não é obstacularizado e as ideias se sucedem com maior rapidez.

Passo, agora, ao exame mais detalhado dos mecanismos de sequenciação frástica, que se constituem em fatores de coesão textual na medida em que garantem a manutenção do tema, o estabelecimento de relações semânticas e/ou pragmáticas entre segmentos maiores ou menores do texto, a ordenação e articulação de sequências textuais. Enquadram-se, pois, entre tais procedimentos, os seguintes:

Procedimentos de manutenção temática

A manutenção do tema, isto é, a continuidade de sentidos do texto é garantida, em grande parte, pelo uso de termos pertencentes a um mesmo campo lexical (contiguidade semântica ou "colocação", segundo Halliday & Hasan,1976). Veja-se o exemplo:

6. O desabamento de barreiras provocou sérios *acidentes* na estrada. Diversas *ambulâncias* transportaram as *vítimas* para o *hospital* da cidade mais próxima.

Através desses termos, um "frame" ou esquema cognitivo é ativado na memória do leitor/ouvinte, de modo que outros elementos do texto serão interpretados dentro desse "frame", o que permite não só detectar o tema, como também avançar perspectivas sobre o que deve vir em sequência no texto e, em certos casos, desfazer possíveis ambiguidades.

PROGRESSÃO TEMÁTICA

Na sequenciação do texto, assume vital importância o modo como se opera a progressão temática. A questão da articulação tema/rema foi desenvolvida pelos linguistas da Escola Funcionalista de Praga (Daneš, Firbas, Mathesius, Sgall, entre outros), preocupados com a organização e hierarquização das unidades semânticas de acordo com seu valor comunicativo.

Do ponto de vista funcional, tal hierarquia se concretiza através de blocos comunicativos, que têm sido denominados *tema* (tópico, dado) e *rema* (foco, comentário, novo), concepções que variam segundo duas perspectivas:

- a perspectiva oracional, que considera *tema* aquilo que se toma como base da comunicação, aquilo do que se fala, e *rema*, o cerne da contribuição, aquilo que se diz sobre o tema, não havendo, aqui, coincidência necessária entre tema e dado, rema e novo;
- a perspectiva contextual, que vê no *tema* a informação contextualmente deduzível e, no *rema*, a informação nova, desconhecida, não deduzível. A esta última interessa, pois, a estrutura informacional do texto, particularmente, os meios linguísticos para a caracterização sintática superficial sob a perspectiva funcional da sentença.

Daneš (1970) procede a uma combinação das duas perspectivas com sua concepção de *progressão temática*, segundo ele, o "esqueleto" da estrutura textual, que pode ser de cinco tipos:

Progressão temática linear – quando o rema de um enunciado passa a tema do enunciado seguinte, o rema deste a tema do seguinte, e assim sucessivamente. Exemplo:

7. A "Eneida" é um poema épico. Os poemas épicos contêm longas narrativas. Tais narrativas incluem sempre elementos convencionais. Um deles é a figura do herói. O herói representa os ideais de uma nação.

Esquema: A ⟶ B
B ⟶ C
C ⟶ D

Progressão temática com um tema constante – em que, a um mesmo tema, são acrescentadas, em cada enunciado, novas informações remáticas. Exemplo:

8. O cão é um animal mamífero e quadrúpede. Ele tem o corpo coberto de pelos. O cão é um excelente guarda para nossas casas. (Ø) É um animal muito fiel.

Esquema: A ⟶ B
A ⟶ C
A ⟶ D
A ⟶ E

Progressão com tema derivado – quando existe um "hipertema", do qual se derivam temas parciais. Exemplo:

9. O Brasil é o maior país da América do Sul. A região Norte é ocupada pela bacia Amazônica e pelo Planalto das Guianas. A região Nordeste caracteriza-se, em grande parte, pelo clima semiárido. As regiões Sul e Sudeste são altamente industrializadas. A região Centro-oeste encerra o Distrito Federal, onde se localiza a capital, Brasília.

Esquema:

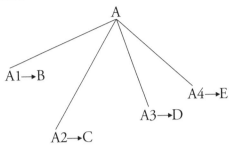

Progressão por desenvolvimento de um rema subdividido – desenvolvimento das partes de um rema superordenado. Exemplo:

10. O corpo humano dividi-se em três partes:
A cabeça é formada de crânio e face. O tronco compõe-se de tórax e abdômen. Os membros dividem-se em superiores e inferiores.
Esquema: A ⟶ B (= B1 + B2 + B3 ...)
B1 ⟶ C
B2 ⟶ D
B3 ⟶ E

Progressão com salto temático – quando há omissão de um segmento intermediário da cadeia de progressão temática linear, deduzível facilmente do contexto. Exemplo:

11. Toda epopeia contém elementos convencionais. Um desses elementos é o herói. ≠≠ Representante dos ideais de uma nacionalidade, passa por uma série de peripécias e acaba sendo glorificado.

Esquema: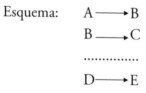

Encadeamento

O encadeamento permite estabelecer relações semânticas e/ou discursivas entre orações, enunciados ou sequências maiores do texto. Pode ser obtido por *justaposição* ou por *conexão*.

Justaposição

A justaposição pode dar-se com ou sem o uso de elementos sequenciadores. A justaposição sem partículas, particularmente no texto escrito, extrapola o âmbito da coesão textual, que, como se viu, diz respeito ao modo como os componentes da superfície textual se encontram conectados entre si *através de elementos linguísticos*. Inexistindo tais elementos, cabe ao leitor construir a coerência do texto, estabelecendo mentalmente as relações semânticas e/ou discursivas. Nesses casos, o lugar do conector ou partícula é marcado, na escrita, por sinais de pontuação (vírgula, ponto e vírgula, dois pontos, ponto) e, na fala, pelas pausas.

A *justaposição com elementos sequenciadores* estabelece um sequenciamento coesivo entre porções maiores ou menores da superfície textual. Tais elementos, denominados, *sinais de articulação* operam, portanto, em diversos níveis hierarquizados:

- *metanível* ou *nível metacomunicativo* em que funcionam como sinais demarcatórios e/ou sumarizadores de partes ou sequências textuais (ex.: por consequência, em virtude do exposto, dessa maneira, em resumo, essa posição etc.). Exemplos:

12. (...) *A hipótese acima aventada* faz previsões que podem ser verificadas empiricamente.
13. (...) *Fazendo um balanço do que se discutiu até o momento*, constata-se que os modelos apresentados são excessivamente redutores...
14. *Para encerrar este debate*, convém dizer ainda que...

Nível intersequencial (entre sequências textuais ou episódios narrativos)

- *marcadores de situação* ou *ordenação no tempo-espaço*, que podem funcionar, por exemplo, como demarcadores de episódios na narrativa (ordenadores temporais), de segmentos de uma descrição (ordenadores espaciais), ou como indicadores de ordenação textual. Exemplos:

15. (...) *Muitos anos depois*, os dois se encontraram casualmente numa galeria de arte e o antigo amor pareceu renascer (...)
16. (...) *Mais além, do lado esquerdo*, avistava-se um extenso matagal...
17. Tratarei, *primeiramente*, da origem do termo; *a seguir*, falarei de sua evolução histórica; *finalmente*, exemplificarei seu emprego atual.

Nível conversacional (inter ou intraturnos)

- *marcadores conversacionais* de variados tipos, especialmente os que assinalam *introdução*, *mudança* ou *quebra* do tópico (descritos para o português por Marcuschi, 1986):

18. Parece que nossas autoridades econômicas não estão se entendendo muito bem. {A propósito / Por falar nisso}, o que você me diz do novo choque econômico?

19. Você tem razão, a garota que passou é bonita mesmo. *Mas voltando ao assunto*, quando é que você vai me entregar o trabalho?
20. Amanhã vai haver reunião do Departamento e todos os professores deverão comparecer, pois há assuntos importantes em pauta. *Abrindo um parênteses*, você soube que o concurso de ingresso foi anulado?

Conexão

Outro tipo de sinais de articulação são os conectores interfrásticos, responsáveis pelo tipo de encadeamento a que se tem denominado *conexão* ou *junção* (cf. a *conjunção* de Halliday & Hasan). Trata-se de conjunções, advérbios sentenciais (também chamados advérbios de texto) e outras palavras (expressões) de ligação que estabelecem, entre orações, enunciados ou partes do texto, diversos tipos de relações semânticas e/ou pragmáticas.

Relações Lógico-Semânticas

As relações lógico-semânticas entre orações que compõem um enunciado são estabelecidas por meio de conectores ou juntores de tipo lógico. A expressão *conectores de tipo lógico* deve-se ao fato de tais conectores apresentarem semelhanças com os operadores lógicos propriamente ditos, não se confundindo, porém, com estes, já que a "lógica" das línguas naturais difere, em muitos aspectos, da lógica formal. São relações desse tipo:

- *relação de condicionalidade* (se p então q) – expressa-se pela conexão de duas orações, uma introduzida pelo conector *se* ou similar (oração antecedente) e outra pelo operador *então*, que geralmente vem implícito (oração consequente). O que se afirma nesse tipo de relação é que, sendo o antecedente verdadeiro, o consequente também o será. Vejam-se os exemplos:

21. *Se* aquecermos o ferro, (então) ele se derreterá.
22. *Caso* faça sol, (então) iremos à praia.

- *relação de causalidade* (*p* porque *q*) – expressa-se pela conexão de duas orações, uma das quais encerra a *causa* que acarreta a consequência contida na outra. Tal relação pode ser veiculada sob diversas formas estruturais, como:

23. O torcedor *ficou rouco* porque *gritou demais*.
          consequência   causa
24. O torcedor *gritou tanto* que *ficou rouco*:
          causa   consequência
25. O torcedor *gritou demais*; { então / por isso } ficou *rouco*.
26. { *Como tivesse gritado demais* / *Por ter gritado demais* }, o torcedor *ficou rouco*.
          causa

- *relação de mediação* – que se exprime por intermédio de duas orações, numa das quais se explicita(m) o(s) meio(s) para atingir um fim expresso na outra:

27. O jovem *envidou todos os esforços* para *conquistar o amor*
               meio   fim
    da garota dos seus sonhos.

Embora, do ponto de vista lógico, a relação de condicionalidade (implicação) englobe as de causalidade e de mediação, apresento-as separadamente por razões didáticas.

- *relação de disjunção* – tal relação pode ser tanto de tipo lógico, quanto de tipo discursivo (que será apresentada mais adiante) e se expressa através do conectivo *ou*. Esse conector, porém, é ambíguo em língua natural, correspondendo ora à forma latina *aut*, com valor exclusivo (isto é, *um* ou *outro*, mas não ambos), ora à forma *vel*, com valor inclusivo (ou seja, um ou outro, possivelmente ambos.

28. Você vai passar o fim de semana em São Paulo *ou* vai descer para o litoral? (exclusivo)
29. Todos os congressistas deveriam usar crachás *ou* trajar camisas vermelhas. (inclusivo: e/ou)

- *relação de temporalidade* – por meio da qual, através da conexão de duas orações, localizam-se no tempo, relacionando-os uns aos outros, ações, eventos, estados de coisas do "mundo real" ou a ordem em que se teve percepção ou conhecimento deles. O relacionamento temporal pode ser de vários tipos:

a. **tempo simultâneo (exato, pontual):**

30. { Quando / Mal / Nem bem / Assim que / Logo que / No momento em que } o filme começou, ouviu-se um grito na plateia.

b. **tempo anterior/tempo posterior:**

31. *Antes que* o inimigo conseguisse puxar a arma, o soldado desferiu-lhe uma saraivada de tiros.

32. *Depois que* Maria enviuvou, ela preferiu viver na fazenda de seus pais.

c. tempo contínuo ou progressivo:
33. Enquanto os alunos faziam os exercícios, o professor corrigia as provas da outra turma.
34. À medida que os recursos iam minguando, aumentava o desespero da população do vilarejo isolado pelas inundações.

• *relação de conformidade* – expressa-se pela conexão de duas orações em que se mostra a conformidade do conteúdo de uma com algo asseverado na outra:

35. O réu agiu *conforme* o advogado lhe havia determinado.

• *relação de modo* – por meio da qual se expressa, numa das orações, o modo como se realizou a ação ou evento contido na outra. Exemplo:

36. *Sem levantar a cabeça*, a criança ouvia as repreendas da mãe.
37. *Como se fosse um raio*, o cavaleiro disparou pela campina afora.

Relações discursivas ou argumentativas

Os encadeadores de tipo discursivo são responsáveis pela estruturação de enunciados em textos, por meio de encadeamentos sucessivos, sendo cada enunciado resultante de um ato de fala distinto. Neste caso, o que se assevera não é, como nas relações de tipo lógico, uma relação entre o conteúdo de duas orações, mas produzem-se dois (ou mais) enunciados distintos, encadeando-se o segundo sobre o primeiro, que é tomado como tema. Prova de que se trata de enunciados diferentes, resultantes cada um de um ato de fala particular, é que eles poderiam ser apresentados sob forma de dois períodos ou até proferidos por locutores diferentes. Assim, tais encadeamentos podem ocorrer entre orações de um mesmo período, entre dois ou mais períodos e, também, entre parágrafos de um texto: daí a denominação dada aos conectores por eles responsáveis de operadores ou encadeadores de discurso. Ademais, esses conectores, ao introduzirem um enunciado, determinam-lhe a orientação argumentativa. Por esta razão, são também chamados operadores argumentativos e as relações que estabelecem, relações pragmáticas ou argumentativas. Entre as principais destas relações podem citar-se:

- *conjunção* – efetuada por meio de operadores como *e, também, não só... mas também, tanto... como, além de, além disso, ainda, nem* (= e não), quando ligam enunciados que constituem argumentos para uma mesma conclusão. Exemplo:
38. João é, sem dúvida, o melhor candidato. Tem boa formação e apresenta um consistente programa administrativo. *Além disso*, revela pleno conhecimento dos problemas da população. Ressalte-se, *ainda*, que não faz promessas demagógicas.
39. A reunião foi um fracasso. Não se chegou a nenhuma conclusão importante, *nem* (= e não) se discutiu o problema central.

- *disjunção argumentativa* – trata-se aqui da disjunção de enunciados que possuem orientações discursivas diferentes e resultam de dois atos de fala distintos, em que, por meio do segundo, procura-se provocar o leitor/ouvinte para levá-lo a modificar sua opinião ou, simplesmente, aceitar a opinião expressa no primeiro:

40. Todo voto é útil. *Ou não foi útil o voto dado ao rinoceronte "Cacareco" nas eleições municipais, há alguns anos atrás?*

- *contrajunção* – através da qual se contrapõem enunciados de orientações argumentativas diferentes, devendo prevalecer a do enunciado introduzido pelo operador *mas* (*porém, contudo, todavia* etc.).

41. Tinha todos os requisitos para ser um homem feliz. *Mas* vivia só e deprimido.

Quando se utiliza o operador *embora* (*ainda que, apesar de* (*que*) etc.), prevalece a orientação argumentativa do enunciado não introduzido pelo operador:

42. *Embora* desconfiasse do amigo, nada deixava transparecer.
43. O calor continua insuportável, *apesar da* chuva que caiu o dia todo.

Segundo Ducrot (1980), o operador **mas** pode exprimir um movimento psicológico entre crenças, opiniões, emoções, desejos, ainda que implícitos, quando orientados em sentidos contrários, como em:

44. Jeanne, tendo acabado de arrumar as malas, aproximou-se da janela, *mas* a chuva continuava. (Maupassant, *Une Vie*)

- *explicação ou justificativa* – quando se encadeia, sobre um primeiro ato de fala, outro ato que justifica ou explica o anterior.

45. Não vá ainda, *que* tenho uma coisa importante para lhe dizer. (Justificativa)

46. Deve ter faltado energia por muito tempo, *pois* a geladeira está totalmente descongelada. (Explicação)

- *comprovação* – em que, através de um novo ato de fala, acrescenta-se uma possível comprovação da asserção apresentada no primeiro:

47. Encontrei seu namorado na festa, *tanto que* ele estava de tênis Adidas.

- *conclusão* – em que, por meio de operadores como *portanto, logo, por conseguinte, pois* etc., introduz-se um enunciado de valor conclusivo em relação a dois (ou mais) atos de fala anteriores que contêm as premissas, uma das quais, geralmente, permanece implícita, por tratar-se de algo que é voz geral, de consenso em dada cultura, ou, então, verdade universalmente aceita. Exemplo:

48. Toda a equipe jogou desentrosada. $\begin{Bmatrix} Portanto \\ Logo \end{Bmatrix}$ o novo atacante não poderia mesmo ter mostrado o seu bom futebol

49. João é um indivíduo perigoso. *Portanto*, fique longe dele.

- *comparação* – expressa-se por meio dos operadores (*tanto, tal*)... *como* (*quanto*), *mais*... (do) *que, menos*... (do) *que*, estabelecendo entre um termo comparante e um termo comparado, uma relação de inferioridade, superioridade ou igualdade. A relação comparativa, como demonstra Vogt (1977, 1980), possui caráter eminentemente argumentativo: a comparação se faz tendo em vista dada conclusão a favor ou contra a qual se pretende argumentar.

Assim, se a uma pergunta como: "Devemos chamar Pedro para tirar mala de cima do armário?", se obtivesse como resposta:

50. João é tão alto quanto Pedro.

argumentação seria desfavorável a Pedro (embora não negando a sua altura) e favorável a João. Se, por outro lado, a resposta fosse:

51. Pedro é tão alto como João.

haveria inversão da orientação argumentativa, agora favorável a Pedro.

Pelos exemplos anteriores, verifica-se que: a) do ponto de vista argumentativo, não há "igualdade" entre Pedro e João; b) embora tema e rema sejam perfeitamente permutáveis do ponto de vista sintático, não o são do ponto de vista argumentativo.

- *generalização/extensão* – em que o segundo enunciado exprime uma generalização do fato contido no primeiro (ex. 52 e 54), ou uma amplificação da ideia nele expressa (ex. 53):

52. Maria está atrasada. {*Aliás, Também, É verdade que*} ela nunca chega na hora.

53. Pedro está de novo sem dinheiro. {*Bem, Aliás, Mas*}, é o que acontece com todo estudante que vive de mesada.

54. Tive prazer em conhecê-la. $\begin{cases} De\ fato \\ Realmente \end{cases}$, estou encantada.

- *especificação/exemplificação* – em que o segundo enunciado particulariza e/ou exemplifica uma declaração de ordem mais geral apresentada no primeiro:

55. Muitos de nossos colegas estão no exterior. Pierre, *por exemplo*, está na França.
56. Nos países do Terceiro Mundo, *como* a Bolívia e o Brasil, falta saneamento básico em muitas regiões.

- *contraste* – na qual o segundo enunciado apresenta uma declaração que contrasta com a do primeiro, produzindo um efeito retórico:

57. Gosto muito de esporte. *Mas* luta-livre, faça-me o favor!
58. Os ricos ficam cada vez mais ricos, *ao passo que* os pobres tornam-se cada vez mais pobres.

- *correção/redefinição* – quando, através de um segundo enunciado, se corrige, suspende ou redefine o conteúdo do primeiro, se atenua ou reforça o comprometimento com a verdade do que nele foi veiculado ou, ainda, se questiona a própria legitimidade de sua enunciação:

59. Irei à sua festa. *Isto é*, se você me convidar.
60. Eu não agiria deste modo. *Se* você quer saber a minha opinião.
61. Meus parabéns! *Ou* não devo cumprimentá-lo por isso?
62. Pedro chega hoje. *Ou melhor*, acredito que chegue, não tenho certeza.

63. Ele não é muito esperto. $\begin{Bmatrix} De\ fato \\ Pelo\ contrário \end{Bmatrix}$, parece-me bastante estúpido.

64. Prometo ir ao encontro. $\begin{Bmatrix} Isto\ é \\ Ou\ melhor \end{Bmatrix}$, vou tentar.

Outros tipos de relações poderiam ser ainda apresentadas, por exemplo, as que se estabelecem entre turnos, no diálogo. Não tive a intenção de ser exaustiva e, sim, de apresentar ao leitor uma visão geral do assunto.

Charolles (1986) ressalta que o uso dos mecanismos coesivos tem por função facilitar a interpretação do texto e a construção da coerência pelos usuários. Por essa razão, seu uso inadequado pode dificultar a compreensão do texto: visto possuírem, por convenção, funções bem específicas, eles não podem ser usados sem respeito a tais convenções. Se isto acontecer, isto é, se seu emprego estiver em desacordo com sua função, o texto parecerá destituído de sequencialidade, o que dificultará a sua compreensão e, portanto, a construção da coerência pelo leitor/ouvinte.

É preciso deixar claro, ainda, que a coesão referencial e a coesão sequencial não devem ser vistas como procedimentos totalmente estanques. Há, na língua, formas que apenas efetuam encadeamentos (os conectores propriamente ditos) e outras que operam, ao mesmo tempo, remissão (ou referência) e encadeamento. Vejam-se, como exemplo destas últimas, as formas examinadas no item Justaposição (metanível, p. 66), algumas das quais, inclusive, apresentam semelhanças com as dos exemplos (65) e (66) do capítulo anterior. O próprio uso de formas remissivas, retomando referentes do texto para se tornarem suportes de novas predicações, não deixa de contribuir para a progressão do texto, aproximando-se, pois, dos mecanismos de sequenciação parafrástica.

Como se pode verificar de tudo o que foi dito neste capítulo, também a questão da coesão sequencial é bastante complexa. Esta obra terá atingido seu objetivo se conseguir motivar o leitor a novas leituras sobre o tema *coesão textual*.

REFERÊNCIAS BIBLIOGRÁFICAS

BEAUGRANDE, Robert de & DRESSLER, Wolfgang U. *Einführng in die Textlinguistik*. Tübingen: Max Niemeyer Verlag, 1981. Trad. inglesa: *Introduction to Textliguistics*. London: Longman.
Obra básica sobre Linguística Textual em que se examinam os principais critérios ou padrões de textualidade; contém um capítulo extenso sobre coesão.

BLANCHE-BENVENISTE, Claire. La dénomination dans le français parlé. *In*: *Recherches sur le français parlé* 6, Université de Provence, 1984.
Artigo importante para o conhecimento das pesquisas sobre o francês falado que o grupo ao qual pertence a autora vem desenvolvendo na Universidade de Provence (França).

BROWN, Gillian & YULE, George. *Discourse Analysis*. Cambridge: Cambridge University Press, 1983.
Uma das mais lúcidas obras sobre Análise do Discurso de linha anglo-americana; contém uma revisão crítica de grande parte da literatura sobre o assunto. O capítulo 6 trata da "natureza da referência no texto e no discurso".

CASTILHO, Ataliba T. de. Para o estudo das unidades discursivas no português falado. *In*: A. T. CASTILHO (org.). *Português culto falado no Brasil*. Campinas: Ed. da Unicamp, 1989, p. 249-280.
Excelente texto sobre língua falada, com atenção especial às unidades discursivas e aos marcadores convencionais; contém análise de excertos de entrevistas do Projeto NURC.

CHAROLLES, Michel & EHRLICH, Marie-France. *Aspects of textual Continuity:* linguistic and psycological Approaches. Mineo, 1986.

Os autores procedem a uma abordagem linguística (Charolles) e psicológica (Ehrlich) da questão da continuidade textual. Charolles distingue três aspectos básicos: coesão, conexão e coerência.

DANEŠ, Frantisek. Functional Sentence Perspective and the Organization of the Text. *In*: DANEŠ, F. (ed.). *Papers on functional Sentence Perspective.* Praga: The Hague, 1974.

Trabalho em que o autor discute as diversas possibilidades de organização do texto segundo a perspectiva funcional da sentença desenvolvida pelos membros da Escola Funcionalista de Praga, à qual pertence.

DUCROT, Oswald. *Princípios de semântica linguística.* São Paulo: Cultrix, 1976.

Obra que coloca os fundamentos e discute questões básicas da Semântica Argumentativa. O original em francês foi publicado em 1972.

_____. 1980. Analyses pragmatiques. *In*: *Communications 32.* Paris: Ed. du Seuil, p. 11-60.

Aplicação dos princípios da Semântica Argumentativa à análise de textos.

FARIA, Isabel H.& MATEUS, Maria H. M. *et al*. *Gramática da língua portuguesa.* Coimbra: Almedina, 1983.

Uma das gramáticas mais modernas e completas da língua portuguesa; contém fartos elementos para a descrição da estrutura, funcionamento e uso do português atual, com um capítulo (cap. 7) destinado aos mecanismos de estruturação textual.

FÁVERO, Leonor L. & KOCH, Ingedore G. V. *Linguística textual:* introdução. São Paulo: Cortez, 1983.

Obra introdutória à Linguística Textual em que se apresenta uma visão panorâmica desse ramo da linguística atual.

_____. Critérios de textualidade. *In*: *Veredas 104*, Revista PUC/SP, São Paulo: EDUC, 1985, p. 17-34.

Artigo em que se discutem os diversos critérios ou fatores de textualidade, com destaque para os mecanismos de coesão e seu emprego com função argumentativa.

GUIMARÃES, Eduardo R. J. *Texto e argumentação:* um estudo das conjunções do português. Campinas: Pontes, 1987.

Estudo minucioso das principais conjunções da língua portuguesa à luz da Semântica da Enunciação.

HALLIDAY, M. A. K. & HASAN, Rugaia. *Cohesion in English*. London: Longman, 1976.

Obra clássica sobre coesão textual que tem servido de base à maioria dos estudos sobre o assunto. Os autores procedem a um aprofundado exame de todos os mecanismos coesivos do inglês.

HARWEG, Roland. *Pronomina und Textkonstituition*. München: Fink, 1968.

Um dos trabalhos pioneiros em Linguística Textual, em que o autor desenvolve a ideia de que *texto* é uma sucessão de unidades linguísticas constituída mediante uma concatenação pronominal ininterrupta, além de colocar os fundamentos para uma tipologia textual.

KALLMEYER, W., MEYER-HERMANN, R. *et al*. *Lektüre-kolleg zur Textlinguistik*. vol. II. Reader, Frankfurt: Athenäewm, 1974.

Obra coletiva sobre linguística textual; contém, além de outros assuntos relevantes, um capítulo (cap. 7) importantíssimo sobre a remissão no texto (Textphorik), em que se propõe a Teoria da Referência Mediatizada.

KARLVERKÄMPER, Hartwing. *Orientierung zur Textlinguistik*. Tübingen: Max Niermyer, 1981.

Revisão de grande parte da bibliografia publicada sobre linguística do texto na Europa, especialmente na Alemanha.

KOCH, Ingedore G. V. *Argumentação e linguagem*. São Paulo: Cortez, 1984.

Contém um capítulo em que se estuda em detalhes as relações interfrásticas, além de outro sobre a teoria dos tempos verbais, de Weinrich.

_____. Dificuldades na leitura/produção de textos: os conectores interfrásticos. *In*: KIRST & CLEMENTE (org.). *Linguística aplicada ao ensino de Português*. Porto Alegre: Mercado Aberto, 1987, p. 83-98.

Trabalho em que se faz o levantamento dos principais conectores lógico-semânticos e discursivos do português e das relações por eles estabelecidas no texto.

MARCUSCHI, Luiz A. *Linguística de texto:* o que é e como se faz. Série Debates 1, Recife: Universidade Federal de Pernambuco, 1986.

Importante obra introdutória à Linguística Textual, com farta exemplificação em textos.

_____. *Análise da conversação*. São Paulo: Ática, 1986.

Obra básica que traz os fundamentos da análise da conversação e um estudo aprofundado dos marcadores conversacionais.

MEYER-HERMANN, Reinhard. Some Topics in the Study of Referentials in Portuguese. *In*: SCHMIDT-RADEFELDT, J. (ed.). *Readings in Portuguese Linguistics*. Amsterdam: North-Holland Publish. Co, 1976, p. 267-287.

Trabalho em que, através de exemplos em português europeu, o autor discute os principais elementos de coesão referencial.

VAN DIJK, Teun A. *Studies in the Pragmatics of Discourse*. Berlim/New York: Mouton, 1981.

Obra importante em que o autor discute uma série de questões discursivas, inclusive os conectivos semânticos e pragmáticos.

VILELA, M. & KOCH, I. G. V. *Gramática da língua portuguesa*. Coimbra: Almedina, 2001.

VOGT, Carlos A. *Linguagem, pragmática, ideologia*. São Paulo: Hucitec, 1980.

Obra básica para quem se interessa por questões de Semântica Argumentativa, incluindo um estudo sobre o operador *mas* e a comparação.

_____. *O intervalo semântico*. São Paulo: Ática, 1977.

Obra em que o autor discute os pressupostos teóricos da Semântica Argumentativa, aplicando-os, particularmente, às estruturas de comparação.

WENRICH, Harald. *Sprache in Texten*. Stuttgart: Klett. Trad. espanhola. *Lenguage en textos*. Madrid: Gredos, 1973.

Coletânea de diversos trabalhos do autor, entre os quais o que trata do emprego dos artigos em alemão, em que Weinrich aplica à análise de textos suas concepções teóricas.

_____. *Tempus*: *Besprochene und Erzählte Welt*. Trad. francesa. *Le Temps* (Ed. du Seuil). Trad. espanhola. *Estructra y función de los tiempos en el lenguage*. 2ª ed. alemã: 1971.

Obra em que o autor lança sua teoria dos tempos verbais, dividindo-os em dois grupos de acordo com a atitude comunicativa: *mundo comentado* e *mundo narrado*; contém farta exemplificação em obras literárias ou não.

A AUTORA

Ingedore Grunfeld Villaça Koch nasceu na Alemanha e veio para o Brasil com quatro anos de idade. Adotou o Brasil como pátria, naturalizando-se brasileira. Formou-se em Direito pela USP e, mais tarde, obteve licenciatura plena em Letras. Foi professora de 1º grau no Externato Ofélia Fonseca e de Língua Portuguesa e Técnica e Metodologia de Redação em Português na Logos-Escola de 2º grau.

É mestre e doutora em Ciências Humanas: Língua Portuguesa pela PUC/SP. Foi professora do Departamento de Português dessa universidade, tendo lecionado nos cursos de Língua e Literatura Portuguesas, Língua e Literatura Inglesas – opção Tradutor, Secretariado Executivo Bilíngue e Jornalismo. Foi coordenadora do curso de Jornalismo e membro da comissão didática do curso de Língua e Literatura Inglesas.

Publicou pela Editora Contexto as seguintes obras: *A coerência textual* (em coautoria com Luiz Carlos Travaglia), *A inter-ação pela linguagem*, *O texto e a construção dos sentidos*, *Referenciação e discurso*, *Ler e compreender* e *Ler e escrever* (os dois últimos em coautoria com Vanda Maria Elias). É de sua autoria também: *Gramática do português falado: vol. VI – desenvolvimentos*; *Texto e coerência* (em coautoria com Luiz Carlos Travaglia); *Desvendando os segredos do texto*; *Linguística aplicada ao português* (em coautoria com Maria Cecília Pérez de Souza e Silva); *Morfologia e linguística aplicada ao português* (em coautoria com Maria Cecília Pérez de Souza e Silva); *Linguística textual: introdução* (em coautoria com Leonor Lopes Fávero); *Argumentação e linguagem.*

Atualmente, é professora titular do Departamento de Linguística do IEL/UNICAMP, em cujos cursos de graduação e pós-graduação trabalha com Linguística Textual.

Cadastre-se no site da Contexto
e fique por dentro dos nossos lançamentos e eventos.
www.editoracontexto.com.br

Formação de Professores | Educação
História | Ciências Humanas
Língua Portuguesa | Linguística
Geografia
Comunicação
Turismo
Economia
Geral

Faça parte de nossa rede.
www.editoracontexto.com.br/redes

Promovendo a Circulação do Saber

GRÁFICA PAYM
Tel. (11) 4392-3344
paym@terra.com.br